단계별 어문 규범 길라잡이
차곡차곡 익히는
우리말 우리글 2

단계별 어문 규범 길라잡이

차곡차곡 익히는
우리말 우리글 2

기획 국립국어원
집필 이관규 · 허재영 · 김유범
　　　 주세형 · 신호철 · 이영호

떡볶기? 떡볶이!
오십시요? 오십시오!　　숫가락? 숟가락!
콜렛? 초콜릿!　개다리밥상? 개다리소반!
'생각대로'와 '생각한 대로'　성룡? 청룽!
오얏'의 현대어는 '자두'　야단법썩? 야단법석!
'지 않은'과 '점잖은'
'지 말아라? ~지 마라!　'수놈'과 '수캐'
　　　　　 '학여울'의 로마자 표기
'주도'와 '독도'의 로마자 표기
　'되어간다'와 '되어만 간다'

도서출판 박이정

책을 펴내며

　우리 말글 생활의 바탕이 되는 어문 규범이 제정된 지 벌써 80년이 되어 갑니다. 1930년대에 '한글 맞춤법 통일안'(1933년)과 '사정한 조선어 표준말 모음'(1936년)이 마련되었고, '국어의 로마자 표기법'(1984년), '외래어 표기법'(1986년)이 제정되었습니다. 이후 1988년에는 달라진 말글 현실을 반영하여 한글 맞춤법을 일부 개정하였고, 2000년에는 쓰기에 불편한 점이 있던 '국어의 로마자 표기법'도 각계의 의견을 수렴하여 개정하기에 이르렀습니다.

　그동안 국립국어원은 어문 규범을 널리 알리고자 하여 여러 자료를 발간하여 배포하고 국어문화학교를 운영하는 등 여러 가지로 노력을 기울여 왔습니다. 그러나 아직도 많은 분들이 어문 규범을 어려워하여 제대로 지키지 못하는 경우가 많습니다.

　이에 국립국어원에서는 어렵기만 한 것으로 여겨왔던 어문 규범을 쉽게 이해하고 또 편리하게 쓸 수 있게 하고자 이 책을 발간합니다.

　이번에 펴내는 "차곡차곡 익히는 우리말 우리글"은 일반 국민들이 그동안 궁금해했던 어문 규범을 스스로 찾아보고 재미있게 읽을 수 있도록 구성하였습니다. 국어 생활 속에서 자주 혼동되는 예들을 골라 흥미를 끌고, 왜 어문 규범을 익혀야 하는지를 상황 위주로 보여 쉽고도 자세하게 설명하려 하였습니다. 그러므로 이 책의 내용들을 차례대로 따라가다 보면 평소 궁금했던 어문 규범에 대해 바른 답을 쉽게 찾을 수 있을 것입니다.

　아무쪼록 우리말 어문 규범을 쉽고 재미있게 익혀, 바르고 품위 있는 말글 생활을 누리는 데에 도움이 되기를 바랍니다.

2012년 2월
국립국어원장 권재일

일러두기

1. 이 책에서는 4대 어문 규범에 나타난 단어를 다루었고 국어 생활에서 자주 사용되는 것을 추가하였다.

2. 이 책에서 사전이라 하면 특별한 경우가 아닌 한 "표준국어대사전"을 가리킨다.

3. 어문 규범과 "표준국어대사전"에 나오는 단어의 표기나 발음이 차이가 있을 경우는 후자를 기준으로 하였다.

4. 1권과 2권은 단어의 난이도와 어문 규범 해설의 어려움을 기준으로 삼았다. 즉 1권은 쉽고 2권은 상대적으로 어렵다.

5. 각 단원은 '길잡이 – 미리 보기 – 탐구하기 – 연습하기 – 참고하기 – 마무리하기' 순서로 구성하였다.

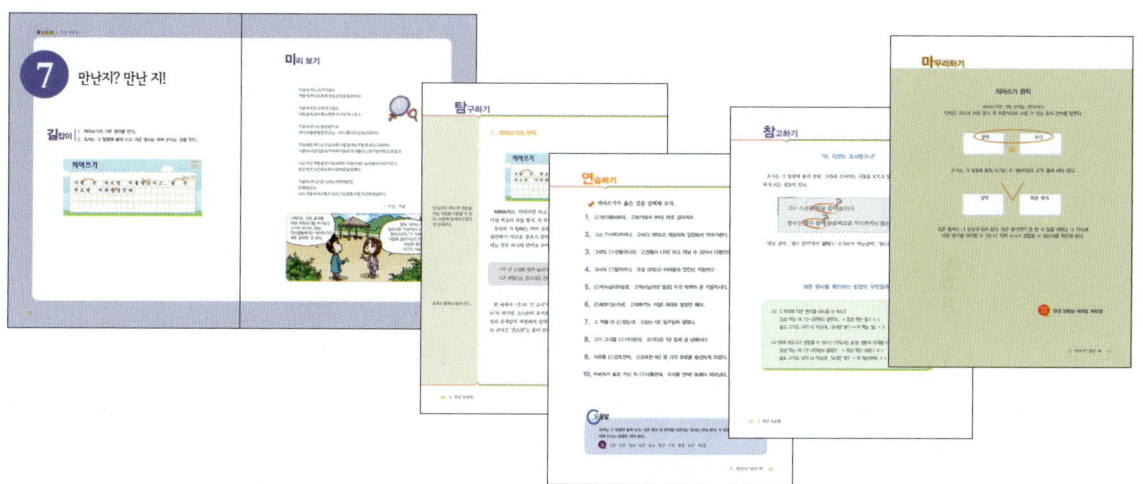

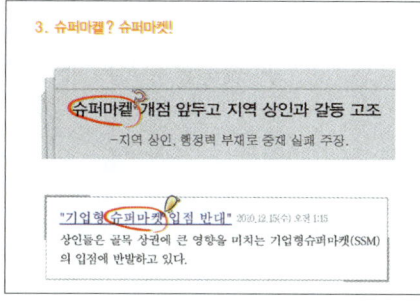

6. 각종 문장 부호도 어문 규범을 따랐다. 단, 단원명의 '?', 🔍 는 잘못된 것, '!', 💡 는 맞는 것을 뜻한다.

7. 단원명에서 작은 따옴표로 표시한 두 가지 단어는 용법이 서로 다르다는 것을 뜻한다.

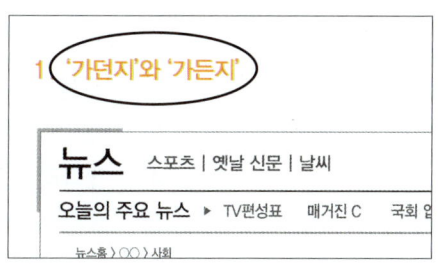

목차

I. 한글 맞춤법   11

1. 오십시요? 오십시오!   12
2. 야단법썩? 야단법석!   20
3. 떡볶기? 떡볶이!   28
4. 숫가락? 숟가락!   36
5. '띄다'와 '띠다'   44
6. ~지 말아라? ~지 마라!   52
7. '하늬바람'의 표기와 발음   60
8. '느긋이'와 '솔직히'   66
9. '죄어야'의 준말은 '좨야'   74
10. '아랫방'과 '월세방'   80
11. '젊지 않은'과 '점잖은'   86
12. '로써'와 '로서'   92
13. '생각대로'와 '생각한 대로'   100
14. '공부를 하다'와 '공부하다'   108
15. '되어간다'와 '되어만 간다'   114
16. '남궁민'과 '남궁 민'   120
17. '한국 대학교'와 '한국대학교'   128

II. 표준어 규정   135

1. '두루' 쓰는 '현대' 말   136
2. '수놈'과 '수캐'   142
3. '오얏'의 현대어는 '자두'   150
4. 개다리밥상? 개다리소반!   158
5. 표준어의 실제 발음   166
6. '난로'와 '횡단로'의 발음   172
7. '김밥'과 '비빔밥'의 발음   178
8. 사이시옷은 소리를 내야 하나?   184

Ⅲ. 외래어 표기법   191

    1. 쵸콜렛? 초콜릿!   192
    2. '램프'에서 귀화한 '남포'   198
    3. '시저'와 '간디'   204
    4. 성룡? 청룽!   212

Ⅳ. 국어의 로마자 표기법   221

    1. '학여울'의 로마자 표기   222
    2. '백마'와 '종로'의 로마자 표기   228
    3. '제주도'와 '독도'의 로마자 표기   234

부록
단원별 어문 규범 관련 항목   242
찾아보기   244
이미지 출처   251

I. 한글 맞춤법

1. 오십시요? 오십시오!
2. 야단법썩? 야단법석!
3. 떡볶기? 떡볶이!
4. 숫가락? 숟가락!
5. '띄다'와 '띠다'
6. ~지 말아라? ~지 마라!
7. '하늬바람'의 표기와 발음
8. '느긋이'와 '솔직히'
9. '죄어야'의 준말은 '좨야'
10. '아랫방'과 '월세방'
11. '젊지 않은'과 '점잖은'
12. '로써'와 '로서'
13. '생각대로'와 '생각한 대로'
14. '공부를 하다'와 '공부하다'
15. '되어간다'와 '되어만 간다'
16. '남궁민'과 '남궁 민'
17. '한국 대학교'와 '한국대학교'

1. 오십시요? 오십시오!

길잡이
1. 문장이 끝날 때 사용되는 어미 '-오'는 '-오'로 적어야 함을 안다.
2. 문장이 연결될 때 사용되는 어미 '-요'는 '-요'로 적어야 함을 안다.
3. 어미 뒤에 덧붙는 조사 '요'는 '요'로 적어야 함을 안다.

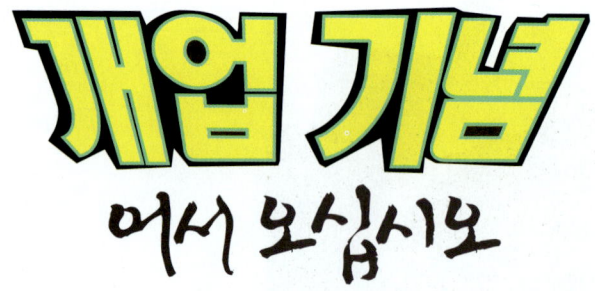

미리 보기

어서 오십시요?
오십시오?

 '오십시오'가 옳다.

탐구하기

1. 오십시요? 오십시오!

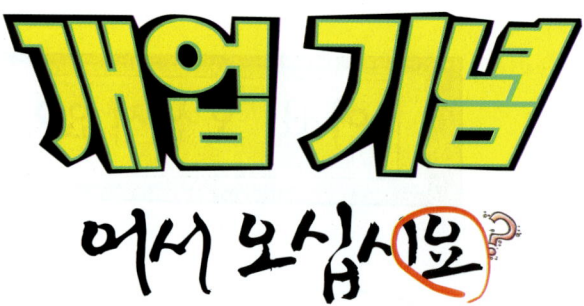

어미 '-에요'

- 이것은 선물이<u>에요</u>.
- 고래는 어류가 아니<u>에요</u>.

이 경우에는 '-에요'라는 어미가 쓰인 것이다.

문장이 끝날 때 사용되는 어미 '-오'는 '요'로 소리 나는 경우가 있더라도 그 원래의 형태를 밝혀 '오'로 적어야 한다. 위 자료에서 '어서 오십시요'는 잘못된 표기이므로 '어서 **오십시오**'로 바꾸어야 한다.

하오체의 문장 종결형에서는 "나도 **가오**. 집이 크오!"에서처럼 종결 어미 '-오'가 나타나는 것이 일반적이다. 발음이 [오]로 되는 것은 물론이다. 그런데 "나는 학생이오."에서처럼 '이' 뒤에서 '오'가 [요]로 발음되어 헷갈리기 쉽다. 그렇지만 '가오, 크오' 등과 마찬가지로 '오'를 써서 '학생이오'처럼 원래 모습을 살려 그대로 적어야 한다. '어서 오십시오'에서도 'ㅣ' 모음 때문에 '-오'가 [요]로 발음될 수 있지만 '-오'의 모습을 그대로 표기한다.

다음의 예들도 원칙을 지켜 오른쪽과 같이 써야 한다.

'하오체의 문장 종결형'

이것은 선물이요. (×) ➡ 이것은 선물이오. (○)

고래는 어류가 아니요. (×) ➡ 고래는 어류가 아니오. (○)

저기로 가시요. (×) ➡ 저기로 가시오. (○)

2. 연결 어미 '-요'

> 신라 사람들이 대개 추봉왕을 모두 갈문왕이라고 하는데 그 실상에 대해서는 사신들도 자세히 모른다고 하였다. 그리고 김용행이 지은 "아도비"에는 사인이 당시 26세이며 아버지는 길승이요, 할아버지는 공한이요, 증조부는 걸해대왕이라 하였다.
> – "삼국유사" 중에서

윗글에서 밑줄 친 부분은 문장이 연결될 때 연결 어미 '**-요**'가 사용된 것들이다. 이것은 문장이 끝날 때 사용되는 종결 어미 '**-오**'와 구별된다.

이것은 책이오.
저것은 붓이오.

본래 옛말에서 사용된 연결 어미 '-고'의 'ㄱ'이 'ㅣ' 모음 다음에서 탈락하곤 했다. 그리하여 연결 어미 '-고'의 'ㄱ'이 탈락하여 '-오'가 사용되었는데, 이것이 현대말에서는 연결 어미 '-요'로 나타난 것이다.

아래 예에서 보듯이 문장을 연결해 줄 때는 연결 어미 '**-요**'가 맞는 표기이다.

> 이것은 책이요, 저것은 붓이요, 또 저것은 먹이다. (ㅇ)
> 이것은 책이오, 저것은 붓이오, 또 저것은 먹이다. (×)

3. 어미 뒤에 덧붙는 조사 '요'는 어떻게 쓸까?

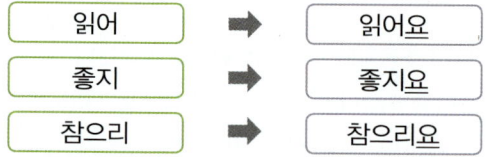

　들는 사람이 말하는 사람보다 나이나 직위가 높은 사람일 때, 문장 끄트머리에 '요'를 붙이곤 한다. '읽어, 좋지, 참으리'는 그것만으로 끝날 수 있는 온전한 형태이지만 '읽어요, 좋지요, 참으리요'와 같이 맨 끝에 '**요**'를 결합하여 높임의 뜻을 나타낼 수 있다. 이렇게 해요체에서 어미 뒤에 덧붙는 '요'는 조사이다.

　'요'는 의문형 어미 뒤에도 결합한다. 이렇게 어미 뒤에 덧붙는 '요'는 어미가 아니라 보조사이다.

탄신일이 중의적 표현인가요?	등록일	2010. 11.
첨부		
작성자　○○○	조회 수	12

목이 좋은 곳 어떻게 읽어야 하나요?	등록일	2010. 11. 18.
첨부		
작성자　○○○	조회 수	10

　"표현인가?"라는 말로도 문장을 끝낼 수 있지만 높이는 마음을 표현하기 위해서 "표현인가요?"에서처럼 높임의 보조사 '요'를 첨가할 수 있다. 마찬가지로 "어떻게 읽어야 하나?"라고 문장을 끝낼 수도 있지만 높임 표현으로 보조사 '요'를 덧붙여 "어떻게 읽어야 하나요?"라고 한 것이다.

보조사(補助詞)
조사 가운데 어떤 특별한 의미를 더해 주는 조사.

연습하기

✓ 다음 글을 읽고 물음에 답해 보자.

> 선생님께서 학생들에게 질문하였다.
> "한용운 선생은 뭐라고 말했을까요?"
> 학생들이 골똘히 생각하고 있는데, 그중 한 명이 손을 들었다.
> ㉠"나는 일본 사람이 아니요."
> "좀 이상한데……. 음, 그럼 이번에는 다음 문장의 빈칸에 들어갈 말을 생각해 보세요."
> 손을 들었던 학생은 이어서 정답이라며 말하였다.
> "한용운 선생은 시인이오, 승려요, 독립운동가였다."
> 그런데 선생님께서는 그 학생에게 다시 올바르게 읽어 보라고 하셨다. 그 학생은 의아해하였다.
> "네? 빈칸에 들어갈 말을 잘못 말했나요?"
> ㉡"한용은 선생은 _____, 승려요, 독립운동가였다."

1. ㉠에서 잘못된 표기를 찾아 고쳐 써 보자.

2. 어미 뒤에 덧붙는 조사 '요'가 사용된 것을 모두 찾아보자.

3. ㉡의 빈칸에 올바른 답을 적어 보자.

도움말

문장이 끝날 때 사용되는 어미 '-오'는 [요]로 소리 나는 경우가 있더라도 그 원래의 형태를 밝혀 '-오'로 적어야 한다. 그런데 문장이 연결될 때 사용되는 어미 '-요'는 '-요'로 적는다. 어미 뒤에 덧붙는 조사 '요'는 '요'로 적는다.

답 (1) 나는 일본 사람이 아니요. → 나는 일본 사람이 아니오.
(2) 말했을까요, 맞아요, 보세요, 말했나요
(3) 시인이요

참고하기

조사는 주로 체언 뒤에 붙어서 해당 성분이 문장 안에서 어떤 역할을 하는지 보여 주는 역할을 한다. 조사를 격조사, 접속 조사, 보조사로 나누곤 하는데, 격조사가 바로 그런 역할을 한다.

격조사(格助詞)에는 주격 조사, 서술격 조사, 목적격 조사, 보격 조사, 관형격 조사, 부사격 조사, 호격 조사가 있다. 주격 조사는 '이/가', 서술격 조사는 '이다', 목적격 조사는 '을/를', 보격 조사는 '이/가', 관형격 조사는 '의', 부사격 조사는 '에게, 으로 ……', 호격 조사는 '아/야'를 들곤 한다. 이것들이 붙으면 대개 주어, 서술어, 목적어, 보어, 관형어, 부사어, 독립어가 되어서, 문장에서 일정한 역할을 하게 된다.

접속 조사(接續助詞)는 '와/과'를 대표로 드는데, '철수와 영희'에서처럼 체언을 잇는 데 사용되곤 한다.

보조사(補助詞)는 특별한 의미를 더해 주는 조사이다. 보조사는 명사뿐만 아니라 동사나 형용사의 활용형, 부사 등에 자유롭게 결합하곤 한다.

- 나는 밥도 먹었다.
- 나는 철수를 알지도 못한다.
- 아이가 예쁘기도 하다.
- 새가 높이도 난다.

높임의 표현을 나타내기 위해 덧붙이는 '요' 역시 보조사에 해당한다. 보조사 '요'는 다른 보조사들과 마찬가지로 명사뿐 아니라 동사나 형용사의 활용형, 부사 등에 자유롭게 결합하곤 한다.

- 뭘 드릴까요?
- 참치요.
- 천천히 드려도 돼요?
- 빨리요.
- 예, 알았어요.

마무리하기

문장이 끝날 때 사용되는 종결 어미 '–오'는 [요]로 소리 나는 경우가 있더라도 그 원래의 형태를 밝혀 '–오'로 적어야 한다.
▶ 어서 오십시오. 고래는 어류가 아니오.

문장이 연결될 때 사용되는 연결 어미 '–요'는 '–요'로 적는다.
▶ 이것은 책이요, 저것은 붓이요, 또 저것은 먹이다.

어미나 부사 뒤에 덧붙는 보조사 '요'는 '요'로 적는다.
▶ 읽어요. 좋지요. 참으리요. 돼요. 봬요. 빨리요.

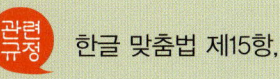 한글 맞춤법 제15항, 제17항

I. 한글 맞춤법

2 야단법썩? 야단법석!

1. 한 단어 안에서 된소리로 발음될 때, 된소리로 적는 이유를 안다.
2. 한 단어 안에서 된소리로 발음되는데도 된소리로 안 적는 이유를 안다.
3. 두 개의 형태소가 결합하여 된소리로 발음되는데도 된소리로 안 적는 이유를 안다.

미리 보기

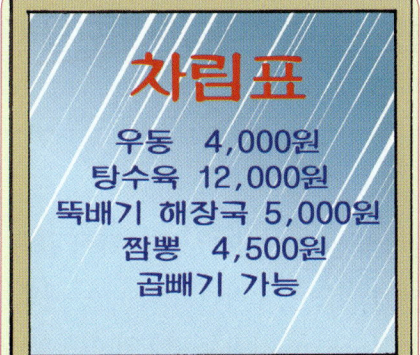

✓ '곱빼기'와 '뚝배기'가 옳다.

탐구하기

1. 야단법썩? 야단법석!

> 김○○도 놀랄 '북한 김○○' 네티즌 야단법썩
> ○○신문 기사 입력 2011-11-05 14:30 기사 수정 2011-11-05 15:30

　위 신문 표제에 나타난 '야단법썩'은 '**야단법석**'이라고 해야 옳다. '어깨, 가끔, 이따금'처럼 두 모음 사이에서 나는 된소리는 소리 나는 대로 적으면 된다. 하지만 앞말에 받침이 있는 경우는 두 가지로 나누어 설명할 수 있다.

'ㄴ, ㄹ, ㅁ, ㅇ' 받침 뒤에서 나는 된소리 → 된소리로 적음.
　　잔뜩　살짝　담뿍　몽땅
'ㄱ, ㅂ' 받침 뒤에서 나는 된소리　　→ 예사소리로 적음.
　　국수　싹둑　법석　갑자기

　'야단법석'의 'ㅅ'은 'ㄱ, ㅂ' 받침 다음에 된소리로 발음된다. 따라서 예사소리인 'ㅅ'을 이용해서 '야단법석'으로 적어야 한다.

> 　한 단어 안에서 'ㄱ, ㅂ' 받침 뒤에서 나는 된소리는 다음 음절의 첫소리를 예사소리로 적는다.

2. 짭잘하다? 짭짤하다!

> **○○, 中 두드림 마케팅 효과 '짭잘'**
>
> ○○○ 기자 ▶ 기자의 다른 기사 보기
> 입력: 2000-04-15 17:28 | 조회 : 9:11
>
> ○○디스플레이가 중국에서 활발히 전개해 온 '두드림' 마케팅이 짭잘한 성과를 거두고 있어 눈길을 끌고 있다.

'짭잘'은 틀리고 **'짭짤'**이 맞다. 그 이유는 무엇일까?

'ㄱ, ㅂ' 받침 뒤에 오는 'ㄱ, ㄷ, ㅂ, ㅅ, ㅈ'는 된소리로 발음되는 것이 자연스러운 현상이므로, 된소리로 발음이 되더라도 된소리로 적지 않는다. **'국수'**, **'딱지'**, **'몹시'**, **'접시'** 등을 예로 들 수 있다.

그러나 '짭잘'은 '짭짤'로 표기하는 것이 옳다. **'딱딱'**, **'쓸쓸하다'**, **'쓱싹쓱싹'** 등도 마찬가지로 된소리로 적는데, 이는 다음 규정 때문이다.

> 한 단어 안에서 같은 음절이나 비슷한 음절이 겹쳐 나는 부분은 같은 글자로 적는다.

이에 따라서, **'짭짤하다'**는 비슷한 음절 '짭'과 '짤'이 겹쳐 나고 있기 때문에 된소리로 적는다.

3. 곱배기? 곱빼기!

'**곱빼기**'가 맞다. 앞의 설명에 따른다면, 'ㅂ' 받침 뒤에서 발음되는 된소리는 예사소리로 적어야 하므로 '곱배기'가 맞는 듯 보인다. 그러나 '곱빼기'는 둘 이상의 배수를 뜻하는 '곱'에 그런 특성이 있는 사람이나 물건을 뜻하는 접미사 '-빼기'가 결합된 파생어이다. '**고들빼기**', '**억척빼기**' 같은 예도 들 수 있다.

이에 반하여 '**뚝배기**'는 '뚝-'과 '-배기'가 결합하여 이루어진 말이 아니라 단일어이다. '**학배기**'도 단일어라서 된소리로 적지 않는다.

'곱빼기'와 '뚝배기'는 처음부터 다른 방식으로 만들어진 단어이기 때문에 구분하여 적어야 한다.

학배기
잠자리의 애벌레를 이르는 말.

형태소
더 이상 나누어지지 않는, 뜻을 지닌 가장 작은 말의 단위.

연습하기

✓ 맞는 것을 선택해 보자.

1. 주민들은 {①몹씨, ②몹시} 피곤한 표정으로 배에서 내렸다.

2. 수업 시간에 반 친구들이 끼리끼리 {①쑥덕거렸다, ②쑥떡거렸다}.

3. 진수는 땅바닥에 {①털석, ②털썩} 주저앉고 말았다.

4. 국밥에는 역시 {①깍두기, ②깍뚜기}가 최고야.

5. 학생들은 시험을 앞두고 {①잔득, ②잔뜩} 긴장하고 있다.

도움말

〈3, 5〉 울림소리인 받침 'ㄴ, ㄹ, ㅁ, ㅇ' 뒤에서 나는 된소리는 된소리로 적는다.
〈1, 2, 4〉 'ㄱ, ㅂ' 받침 뒤에서 나는 된소리는 된소리로 적지 않는다.

답 1. ② 2. ① 3. ② 4. ① 5. ②

참고하기

"내가 너를 지켜 줄게." / "내가 너를 지켜 줄께."

"내가 너를 지켜 줄게/줄께."라는 문장에서 '줄게'와 '줄께' 중 어느 것이 맞을까? '줄게'가 맞다.

한글 맞춤법에서는 어미 가운데 'ㄹ' 뒤에서 된소리로 발음되는 것에 대해 된소리가 아닌 예사소리로 적도록 규정하고 있으므로 '-ㄹ게'로 적어야 한다.

> -ㄹ거나, -ㄹ걸, -ㄹ세, -ㄹ세라, -ㄹ수록, -ㄹ시, -ㄹ지, -ㄹ지니라,
> -ㄹ지라도, -ㄹ지어다, -ㄹ지언정, -ㄹ진대, -ㄹ진저, -올시다

그러나 이와 똑같은 조건인데도 된소리로 적는 어미들이 있다. 의문을 나타내는 어미인 '-(으)ㄹ까, -(으)ㄹ꼬, -(으)ㅂ니까, -(으)리까, -(으)ㄹ쏘냐, -(으)ㄹ까요, -(으)ㄹ깝쇼' 등은 된소리로 적어야 한다.

- 이 나무에 꽃이 피면 얼마나 예쁠까?
- 날씨가 왜 이리 추울꼬?
- 내가 너에게 질쏘냐?

마무리하기

- 한 단어 안에서 'ㄱ, ㅂ' 받침 뒤에서 나는 된소리는 다음 음절의 첫소리를 예사소리로 적는다.
  - 예 법석, 싹둑, 뚝배기, 학배기

- 같은 음절이나 비슷한 음절이 겹쳐 나는 경우는 다음 음절의 첫소리를 된소리로 적는다.
  - 예 딱딱, 쓱싹쓱싹, 씁쓸하다, 짭짤하다.

- 접미사 '-빼기'가 붙은 말은 붙은 대로 적는다.
  - 예 곱빼기, 얼룩빼기, 고들빼기, 억척빼기

 한글 맞춤법 제5항, 제53항, 제54항

I. 한글 맞춤법

3 떡볶기? 떡볶이!

길잡이
1. '-이'나 '-음'이 붙어서 명사가 되는 단어의 표기에 대해서 안다.
2. '-이'나 '-음'을 제외한 접미사가 사용되어 명사로 바뀐 단어의 표기에 대해서 안다.
3. '-하다'나 '-거리다'가 붙는 어근에 '-이'가 붙어서 명사가 된 단어의 표기에 대해서 안다.

미리 보기

✓ '떡볶이'가 옳다.

탐구하기

1. 떡복기? 떡볶이!

'떡볶이'와 '떡 볶기'
'떡볶이'는 음식의 이름을 이르는 말이고, '떡 볶기'는 떡을 볶는 행위를 이르는 말이다.

떡볶이
'떡볶이'는 '떡'에 '볶-'이 붙고 그 뒤에 '-이'가 붙었다고 볼 수도 있다.

 '떡볶이'가 옳다. '떡볶이'는 흰떡을 적당한 길이로 잘라 쇠고기와 여러 가지 채소를 섞고 갖은 양념을 하여 볶은 음식이다. 원래 '떡볶이'는 '떡'과 '볶이'가 결합된 낱말이다. '볶이'는 다시 '볶다'라는 동사에 접미사 '-이'가 붙어 생긴 것이다. 그러므로 '떡볶이'가 정확한 표기이다.
 용언의 어간에 접미사가 결합하여 새로운 명사를 만들 수 있는데, 이러한 접미사를 '명사 파생 접미사'라고 한다. 이러한 파생 접미사 중에 '-이'나 '-음'이 붙어서 명사로 바뀐 단어들은 어간의 원형을 밝혀 적는 것이 원칙이다.

> '-이'나 '-음'이 붙어서 명사로 바뀐 단어들은 어간의 원형을 밝혀 적는다.

예
- 길이, 깊이, 높이, 다듬이, 땀받이, 달맞이, 먹이, 미닫이, 벌이, 벼훑이, 살림살이, 쇠붙이
- 걸음, 묶음, 믿음, 얼음, 엮음, 울음, 웃음, 졸음, 죽음, 앎

2. 귀먹어리? 귀머거리!

'**귀머거리**'가 맞다. 접미사 '-이'나 '-음'은 왕성하게 파생어를 만들어 내고 자주 쓰이므로 원형을 밝혀 적는다. 그런데 이외의 명사 파생 접미사들은 어간의 원형을 밝혀 적지 않는 경우가 많다.

'귀머거리'는 원래 '귀+먹-+-어리'로 분석된다. 접미사 '-어리'는 '-이'나 '-음'처럼 생산성이 높지 못하다. 따라서 굳이 어간의 원형을 밝혀 적을 필요가 없다. 그러므로 '귀먹어리'가 아니라 '귀머거리'로 적어야 한다.

> '-이'나 '-음' 이외의 접미사가 사용되어 명사로 바뀐 단어들은 어간의 원형을 밝혀 적지 않는다.

- 귀머거리, 까마귀, 너머, 뜨더귀, 마감, 마개, 마중, 무덤, 쓰레기, 비렁뱅이, 올가미, 주검
- 꼬락서니, 끄트머리, 모가치, 바가지, 이파리, 바깥, 짜개, 사타구니, 싸라기, 지붕, 지푸라기

뜨더귀
조각조각으로 뜯어내거나 가리가리 찢어 내는 짓. 또는 그 조각.

짜개
콩이나 팥 따위를 둘로 쪼갠 것의 한쪽.

3. 오뚜기? 오뚝이!

'오뚝이'와 '오뚜기'는 발음하면 둘이 똑같이 [오뚜기]이다. 표기는 어느 것이 맞을까?

'오뚝이'로 표기해야 맞다. 그 이유는 '-하다'나 '-거리다'가 붙는 어근에 '-이'가 붙어서 명사가 된 것은 그 원형을 밝혀 적기 때문이다.

○	×	○	×
깔쭉이	깔쭈기	**살살이**	살사리
꿀꿀이	꿀꾸리	**쌕쌕이**	쌕쌔기
눈깜짝이	눈깜짜기	**오뚝이**	오뚜기
더펄이	더퍼리	**코납작이**	코납자기
배불뚝이	배불뚜기	**푸석이**	푸서기
삐죽이	삐주기	**홀쭉이**	홀쭈기

> '-하다'나 '-거리다'가 붙는 어근에 '-이'가 붙어서 명사가 된 것은 그 원형을 밝히어 적는다.

> '-하다'나 '-거리다'가 붙을 수 없는 어근에 '-이'가 붙어서 명사가 된 것은 그 원형을 밝히어 적지 않는다.
>
> **예** 개구리, 귀뚜라미, 기러기, 깍두기, 꽹과리, 날라리, 누더기, 동그라미, 두드러기, 딱따구리, 매미, 부스러기, 뻐꾸기, 얼루기, 칼싹두기

깔쭉이
가장자리를 톱니처럼 파 깔쭉깔쭉하게 만든 주화(鑄貨)를 속되게 이르는 말.

더펄이
성미가 침착하지 못하고 덜렁대는 사람. 또는 성미가 스스럼이 없고 붙임성이 있어 꽁하지 않은 사람.

살살이
간사스럽게 알랑거리는 사람.

쌕쌕이
'제트기'를 속되게 이르는 말.

푸석이
거칠고 단단하지 못하여 부스러지기 쉬운 물건. 또는 옹골차지 못하고 아주 무르게 생긴 사람을 놀림조로 이르는 말.

연습하기

1. 옳은 것을 선택해 보자.

   (1) 이렇게 계속 먹기만 하면, 아마 {①배불뚝이, ②배불뚜기}가 되고 말걸?

   (2) 쯧쯧, 머리 {①꼴악서니, ②꼬락서니}하고는.

2. 아래 단어의 뜻과 구성을 보기와 같이 분석해 보자.

   마개 => 뜻: 병의 구멍 따위를 끼워서 막는 것.   구성: 막- + -애

   (1) 죽음 => 뜻: 생물의 생명이 없어지는 현상.   구성: [　] + [　]

   　　주검 => 뜻: [　]   구성: [　] + [　]

   (2) 묻음 => 뜻: 흙이나 다른 물건 속에 넣어 안 보이게 함.   구성: [　] + [　]

   　　무덤 => 뜻: [　]   구성: [　] + [　]

도움말

'-이'나 '-음'으로 끝나는 접미사: 원형을 밝히어 적음.

'-이'나 '-음'을 제외한 접미사: 원형을 밝히어 적지 않음.

'-하다'나 '-거리다'가 붙는 어근에 '-이'가 붙는 경우 → 원형을 밝히어 적음.

답 1. (1) ①   (2) ②

2. (1) 뜻: 송장 / 죽- + -음, 죽- + -엄   (2) 뜻: 묘지 / 묻- + -음, 묻- + -엄

참고하기

'도우미'와 '지킴이'

　사전에 따르면, '**도우미**'라는 말은 '행사 안내를 맡거나 남에게 봉사하는 요원'이라는 뜻을 지니고 있다. 처음 이 말을 만들 때는, '도와주다'의 '도', '우아하다'의 '우', '아름답다'는 뜻의 한자 '미'를 써 '도우미'로 썼다고 한다. 하지만 지금은 남을 도와주는 사람이란 뜻으로 쓰이고 있기 때문에 '돕다'의 명사형 '도움'에 사람을 뜻하는 접미사 '-이'가 붙는 것으로 해석하는 경우가 많다. 즉 '도움이'를 소리 나는 대로 '도우미'라고 표기한다고 보는 것이다.

　이번에는 '**지킴이**'라는 단어를 보도록 하자. 이것은 '지키-'에다가 'ㅁ'이 붙어서 '지킴'이 되고 여기에 다시 '-이'가 붙어서 '지킴이'로 된 것이다. '-이'가 사람을 나타내는 인칭 접미사이기 때문에 '지킴이'는 '무언가를 지키는 사람'이라는 뜻을 갖게 된다.

　비록 '도우미'가 널리 쓰여서 바른 표기로 인정받고 있지만, 단어의 형성 방법을 고려한다면 맨 뒤에 '-이'를 밝혀 적는 '도움이'가 그 뜻을 더 잘 드러내는 표현이라고 할 수 있을 것이다.

마무리하기

- '-이'나 '-음'이 붙어서 명사로 바뀐 단어들은 어간의 원형을 밝히어 적는다.
  - 떡볶이, 길이, 울음, 죽음 등

- '-이'나 '-음'을 제외한 접미사가 사용되어 명사로 바뀐 단어들은 어간의 원형을 밝히어 적지 않는다.
  - 귀머거리, 너머, 마감, 마중, 무덤, 주검, 꼬락서니 등

- '-하다'나 '-거리다'가 붙는 어근에 '-이'가 붙어서 명사가 된 것은 그 원형을 밝히어 적는다.
  - 오뚝이, 배불뚝이, 푸석이, 삐죽이, 홀쭉이 등

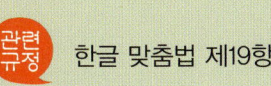 한글 맞춤법 제19항, 제23항

I. 한글 맞춤법

4 숟가락? 숟가락!

길잡이
1. 서로 어울려 새로운 단어가 된 것들을 원형과 달리 적는 경우를 안다.
2. '암-', '수-'가 들어간 단어를 올바르게 적는 방법을 안다.

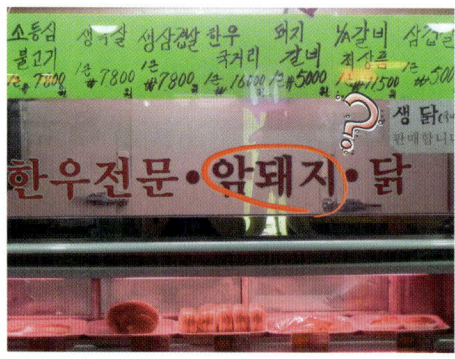

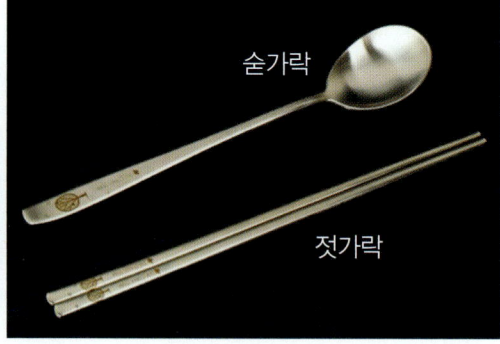
숟가락
젓가락

미리 보기

✓ '합성어의 바른 표기'에 대하여 본문 내용 참조.

탐구하기

1. 숫가락? 숟가락!

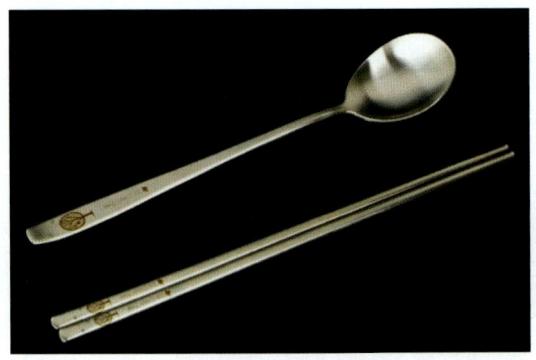

숫가락? 숟가락!
젓가락? 젇가락!

'숟가락'과 '젓가락'에서 받침소리는 똑같이 [ㄷ]로 소리 난다. 그런데 '숟가락'은 'ㄷ' 받침이고, '젓가락'은 'ㅅ' 받침인 까닭은 무엇일까?

'숟가락'은 본래 '술'과 '가락'이 합해진 것이다. 끝소리가 'ㄹ'인 말과 딴 말이 어울릴 때 'ㄹ' 소리가 'ㄷ' 소리로 나는 것은 'ㄷ'으로 적는다는 규정에 따라, '술+가락'은 [숟까락]으로 소리 나므로 '숟가락'으로 적는 것이다.

> 끝소리가 'ㄹ'인 말과 딴 말이 어울릴 적에 'ㄹ' 소리가 'ㄷ' 소리로 나는 것은 'ㄷ'으로 적는다.

이에 비해 **'젓가락'**은 '저(箸)'에 '가락'이 붙어서 이루어진 것이다. 발음이 [젇까락]으로 나는데, '가락'이 [까락]으로 소리 나므로 사이시옷을 표기한 것이 '젓가락'이다.

따라서 '숟가락', '젓가락'이 바른 표기이다.

2. 틀이? 틀니!

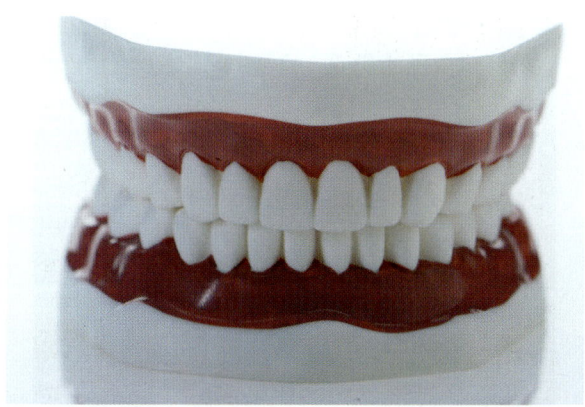

'이[齒]'가 다른 말과 어울려 새로운 단어로 될 때, '니'나 '리'로 소리 나는 경우가 있다. '**사랑니**'와 '**틀니**'가 그러한데, 이들을 원칙에 따라 '사랑이', '틀이'로 적는다면 '사랑, 틀'에 주격 조사 '이'가 결합한 형태와 구분이 되지 않아 혼란을 초래할 수 있다. 발음도 [사랑이], [트리]로 읽힐 수 있어 원래의 의미를 파악하기 어렵다. 그러므로 '사랑이', '틀이'가 아닌 '사랑니', '틀니'로 적어야 한다. 이때 일어나는 발음 현상이 바로 'ㄴ' 첨가 현상이다. 이와 같이 적는 다른 단어로 '**어금니, 앞니, 덧니**' 등이 있다.

사람의 치아를 일컫는 '이(齒)'뿐만 아니라 '이(虱)'도 소리 나는 대로 적는다.

머리+이 〉 머릿니
가랑+이 〉 가랑니

'**머릿니**'와 '**가랑니**'에서 보듯이 'ㄴ'이 첨가되어 있다. '머릿니'에서 'ㅅ'이 표기된 것은 [머린니]로 발음되는 것을 나타낸 것이다.

틀니
그렇다면 '틀니'는 [틀리]로 발음되는데 소리 나는 대로 '틀리'라고 적지 않고 '틀니'라고 적는 것은 왜일까? 이는 '어금니', '덧니' 등의 '니'와 같은 '이[齒]'임을 보이기 위해서이다.

3. 암돼지? 암퇘지!

새끼를 낳을 수 있는 돼지를 '암퇘지'라고 한다. 그런데 '암-'과 '돼지'가 결합하여 만들어진 말인데 왜 '암돼지'가 아니고 '암퇘지'일까?

접두사 '암-'과 '수-'는 원래 어말에 'ㅎ'을 가지고 있었기 때문에 **암퇘지, 수퇘지**로 적는다. 즉 '암ㅎ/수ㅎ + 돼지'가 되어 'ㅎ'과 '돼지'의 'ㄷ'이 만나 'ㅌ'이 된다. 같은 원리로 '수ㅎ- + 개', '암ㅎ- + 것', '살ㅎ + 고기'는 각각 **수캐**, **암컷**, **살코기**'로 적는다.

'암-', '수-'가 명사 앞에 붙어서 그 명사의 첫소리가 거센소리로 바뀌는 예들은 다음과 같다.

- 암컷, 암캐, 암캉아지, 암탉, 암평아리, 암퇘지, 암탕나귀, 암키와, 암톨쩌귀
- 수컷, 수캐, 수캉아지, 수탉, 수평아리, 수퇘지, 수탕나귀, 수키와, 수톨쩌귀

수소, 수꿩, 수나사

'수-'가 '소', '꿩', '나사'와 결합하면 **수소**, **수꿩**, **수나사**로 표기한다.

숫양, 숫염소, 숫쥐

'수-'가 '양', '염소', '쥐'에 붙으면 **숫양**, **숫염소**, **숫쥐**가 된다. 이는 현실 발음을 인정한 결과이다. [순냥], [순념소], [숟쮜]로 발음된다.

연습하기

1. 맞는 것을 찾아보자.

    (1) 딱딱한 호두를 깨물다가 {①앞이, ②앞니}가 부러졌다.

    (2) 요즘 단 것을 너무 많이 먹었더니 {①사랑이, ②사랑니}가 썩은 것 같다.

    (3) 밤새 아팠던 아이가 다행히 {①이튿날, ②이틀날, ③이틋날} 아침 회복되었다.

    (4) 밥은 {①숟가락, ②숫가락}으로 떠 먹어라.

2. 보기를 참고하여 빈칸에 알맞은 단어를 적어 보자.

보기		(1)		(2)		(3)	
암퇘지	수퇘지						

> **도움말**
>
> 둘 이상의 단어가 어울리거나 접두사가 붙어서 이루어진 말이 있을 때, 그 말은 각각 그 원형을 밝히어 적는 것이 원칙이다. 그러나 '사랑+이 → 사랑니', '이틀+날 → 이튿날' 등과 같이 예외가 있으므로 주의해야 한다.
>
> 1. (1) ②   (2) ②   (3) ①   (4) ①
> 2. (1) 암쥐, 숫쥐   (2) 암소, 수소   (3) 암탉, 수탉

참고하기

'할아버지'에서 '할'은 무엇인가요?

'**할아버지**'는 언뜻 보기에 '아버지'라는 낱말에 '할'이 붙은 것이라 볼 수도 있다. 그러나 원래는 '한+아버지'에서 온 말이다. 여기서 '한'은 '크다'라는 뜻이며 '**한길**(사람이나 차가 많이 다니는 넓은 길)'에서도 그 용례를 찾아볼 수 있다. 그러나 '한아버지'는 소리가 특이하게 '할아버지'로 변하였다. 이처럼 어원이 분명하지만 소리가 특이하게 바뀐 것은 바뀐 대로 적는다.

'몇 일'과 '며칠', 너무 헷갈려요!

"오늘은 몇 월 며칠입니까?"

'**며칠**'을 잘못 적는 사람들이 상당히 많다. '며칠'을 '몇 일' 혹은 '몇일'로 적는 사람이 많은데, '몇 일'이나 '몇일'은 모두 틀린 표기이다.

'며칠'은 중세 국어에서 '며츨'이라는 형태로 사용되었음이 확인된다. '며칠'의 어원에 대한 견해 중 가장 유력한 것은 이것이 수사 '몇'에 고유어 접미사 '-을'이 결합되어 만들어졌고 후대에 'ㅡ'가 'ㅣ'로 바뀌는 전설모음화로 형성되었다고 보는 것이다. 고유어 접미사 '-을'은 '사흘', '나흘'의 옛 형태인 '사올', '나올'의 '-올', 이틀(←읻ㅎ+-을), 열흘(←열ㅎ+-을)의 '-을'에서 찾아볼 수 있다.

'몇 월'은 고유어 '몇'과 한자어 '월(月)'이 이어진 말이지만, '며칠'은 그 전체가 모두 고유어로 형성된 말이다. '며칠'은 고유어 '몇'과 한자어 '일(日)'이 결합한 말이 아니고, 고유어 '몇'과 고유어 접미사 '-을'이 결합한 말이다. '며츨'은 '법측>법칙', '아츰>아침'과 같이 전설모음화를 겪어 '며칠'로 형태가 바뀌어 현대 국어에 이른다. 그러므로 '몇 월 며칠'이라고 표기하여야 한다.

마무리하기

둘 이상의 단어가 어울리거나 접두사가 붙어서 이루어진 말이 있을 때, 그 말을 각각 그 원형을 밝히어 적는다

(예) 꺾꽂이, 흙내, 겉늙다. 짓이기다)

끝소리가 'ㄹ'인 말이 다른 말과 어울릴 때 'ㄹ' 소리가 나지 않는 경우, 'ㄹ' 소리가 나지 않는 대로 적는다.

(예) 다달이, 따님, 바느질, 소나무, 화살, 우짖다)

끝소리가 'ㄹ'인 말이 다른 말과 어울릴 때 'ㄹ'이 'ㄷ'으로 소리 나는 경우 'ㄷ'으로 적는다.

(예) 반짇고리, 사흗날, 삼짇날, 섣달, 숟가락, 이튿날)

두 말이 어울릴 적에 'ㅎ' 소리가 덧나는 것은 소리대로 적는다.

(예) 살코기, 안팎, 암탉, 수탉, 암컷, 수컷)

 한글 맞춤법 제27항, 제29항, 제31항

I. 한글 맞춤법

5 '띄다'와 '띠다'

1. 두 개의 단모음이 결합하여 줄어진 말의 표기에 대해 안다.
2. 모음끼리 만나서 준말이 되는 경우에 대해 안다.
3. 같은 환경이더라도 준말로 표기하는 경우와 그렇지 않는 경우에 대해 안다.

미리 보기

✓ '띄다'가 옳다.

탐구하기

1. '띄다'와 '띠다'

흔히들 기사의 표제처럼 '웃음 띈'으로 적는 경우가 많은데, 이는 맞춤법에 어긋난 표기이다. '웃음 띤'이 맞다.

'**뜨이다**'의 준말인 '띄다'는 [띠:다]로 발음되는데, '띠다[띠:다]'와 발음이 같아서 표기가 혼동이 되곤 한다. '띄-'가 사용되는 경우는 '눈에 띄다', '띄어쓰기' 등이다. '띠다'는 '감정이나 기운 따위를 나타내다', 혹은 '어떤 성질을 가지다'의 뜻을 지닌다는 것을 기억하면 구분하기 쉬울 것이다.

따라서 '**띄다**'와 '**띠다**'는 각각의 독자적인 뜻을 지니므로 그 용법에 따라 정확하게 활용되어야 한다.

요즘 들어 형의 행동이 눈에 <u>띄게</u> 달라졌다.
그는 얼굴에 미소를 <u>띠었다.</u>

'뜨이다'와 '띠다'처럼 본말과 준말이 모두 사용되는 예들을 아래처럼 더 들어볼 수 있다.

싸이다 〉 쌔다   펴이다 〉 폐다
보이다 〉 뵈다   누이다 〉 뉘다
쓰이다 〉 씌다   쏘이다 〉 쐬다

'띄다'로만 적어야 하는 경우

'글을 쓸 때 낱말을 띄어 쓰는 일'의 의미를 가진 '띄어쓰기'는 '띄워쓰기'로 적지 않는다. '띄다'는 '띄어(쓰다), 띄어서, 띄어야' 형태로 사용된다.

2. 되요? 돼요!

"밥을 먹어."를 "밥을 먹."이라고 쓸 수 없다. 마찬가지로 "전화해도 돼."를 "전화해도 되."로 쓸 수 없다. 이는 용언은 어간과 어미가 결합되는 것이 기본적인 특성이기 때문이다.

어간 '되-'에 어미 '-어'가 결합한 **'되어'**가 맞춤법에 맞는 표기이며, 이의 준말은 **'돼'**이다. 그리하여 '되었다/됐다, 되어요/돼요, 되어서/돼서'처럼 쓰인다.

이를 좀 더 쉽게 구분하는 요령이 있다. '되-'와 '돼'의 어미 결합 양상은 '하-'와 '해'의 어미 결합 양상과 동일하기 때문에 '되-'와 '돼'의 자리를 '하-'와 '해'로 교체해 볼 수 있다.

공부가 되어 / 돼 / *되
공부를 하여 / 해 / *하

용언은 어간과 어미의 결합으로 구성된다.

뇌+어 → **뵈**
쇠+어 → **쇄**
괴+어 → **괘**

3. 나 둬? 놔 둬!

> 철원군, 볏짚 수확 후 논에 나둬 철새 보호
> 기사 입력 2009-19-13 20:05
>
> 안○ "봉은사 주지 그냥 나둬" 불교계 압력 논란
> 안○ "종단 분규에 나를 끌어 들이는 것일 뿐" 부인
> 2010-03-22 07:46

위 사진에서 '나둬'는 '놓아 둬'의 축약 형태인 '놔 둬'의 잘못이다.

'ㅗ, ㅜ'로 끝난 어간에 '-아/-어, -았-/-었-'이 어울려 'ㅘ/ㅝ, ㅙ/ㅞ'으로 될 때에는 준 대로 적을 수 있다.

꼬아 → 꽈   보아 → 봐
쏘아 → 쏴   두어 → 둬

'좋다'와 같이 'ㅎ'으로 끝난 어간이 모음으로 시작하는 어미를 만나면 축약 형태로 적지 않고 '좋아'처럼 적는다. 하지만 '놓다'는 예외적으로 '놔'로 적는 것이 가능하다. 따라서 '놓아 둬'의 축약은 '나둬'가 아닌 **'놔 둬'**이다.

놓아 → 놔
놓아라 → 놔라
놓았다 → 놨다

'ㅗ, ㅜ' 계열의 반모음은 'w'이다. 이 반모음 'w'가 'ㅏ, ㅓ'와 결합하면 이중 모음 'ㅘ, ㅝ'가 된다.

연습하기

✓ 밑줄 친 부분에서 맞춤법에 어긋난 단어를 찾아 바르게 고쳐 보고, 이유를 설명해 보자.

(1) <u>바람이 부는 계절이 돼니</u>, (2) 일이 손에 잡히지 않고 <u>돼는</u> 일도 없는 것 같아서 마음이 싱숭생숭하다. (3) 그래서 이번 일은 은주에게 원고를 맡겼는데 <u>띄워 쓰기</u>를 비롯하여 (4) 맞춤법에 어긋난 부분이 군데군데 눈에 <u>띤다</u>. 은주한테 맞춤법 공부부터 다시 하라고 조언해야 하는데 요즘 내 기분이 이렇다 보니 은주의 감정이 상하지 않게 조언을 할 수 있을지 엄두가 나지 않는다. '그래도 할 일은 해야지.' 하며 은주에게 전화를 걸었다.

"여보세요?"

"은주니?"

"네, 선배님. 원고는 확인해 보셨어요?"

"그렇지 않아도 그것 때문에 전화했어. 내일 오전에 시간 내서 한번 들르렴."

(5) "<u>그럴게요. 내일 오전 11시쯤 가도 되죠? 그럼 그때 뵈요.</u>"

전화를 끊고 날씨 탓만 할 게 아니라 마음을 가라앉혀 보자고 다짐했다.

도움말

(1) 돼니 → 되니
(2) 돼는 → 되는
'(1)'과 '(2)'의 '돼-'를 '하-'와 '해'로 바꾸어 보면 '하니, 하는'은 성립하지만 '해니, 해는'은 성립하지 않는다는 사실을 알 수 있다. 따라서 '하-'와 어미를 선택하는 방법이 같은 '되-'가 맞는 표현이다.
(3) 띄워쓰기 → 띄어쓰기
'띄어쓰기'는 국어사전에서 하나의 학술용어로 분류하고 있으며 합성어로 굳어진 단어이다. '띄다'가 '띄우다'의 준말이지만 '띄어쓰기'는 한 단어로 굳어져 널리 사용되어 '띄워쓰기'로는 적지 않는다. 만약 그렇게 쓴다면 비표준어가 된다.
(4) 띤다 → 띈다
'눈에 보이다'의 의미를 갖는 용언은 본말이 '뜨이다'이다. 이의 준말은 '띄다'이다.
(5) 뵈요 → 봬요
'봬'는 '뵈+어'가 줄어든 말이다. '봬요'는 '봬'에 보조사 '요'가 결합한 것이다.

참고하기

'(나사를) 죄어라/좨라, (턱을) 괴어라/괘라, (명절을) 쇠어라/쇄라'

'(나사를) **죄다**, (턱을) **괴다**, (추석을) **쇠다**' 등에 명령형 어미 '-어라'가 결합하면, 그 형태는 각각 '**죄어라, 괴어라, 쇠어라**'가 되고, 이들이 줄어들어 각각 '**좨라, 괘라, 쇄라**'가 된다. 이는, 어간 모음 'ㅚ' 뒤에 '-어'가 붙어서 'ㅙ'로 줄어지는 것은 'ㅙ'로 적는다는 맞춤법 35항에 근거한 것이다.

아래에는 '명절, 생일, 기념일 같은 날을 맞이하여 지내다'는 뜻을 지닌 동사 '쇠다'가 쓰이는 여러 양상을 보인 것이다.

- 이 부장: 자네는 이번 추석 어디서 <u>쇄</u>?
- 김 대리: 저는 고향에서 <u>쇨</u> 예정입니다.
- 이 부장: 부모님 댁에서 <u>쇠는</u> 건가?
- 김 대리: 아니요, 처가에서 <u>쇄요</u>.

마무리하기

ㅗ, ㅜ + -아 / -어, -았- / -었- = 쏘아 / 쏴
쏘았다 / 쐈다
두어 / 둬
두었다 / 뒀다

ㅚ + -어, -었- = 되어 / 돼
되었다 / 됐다

놓- + -아 = 놓아 / 놔

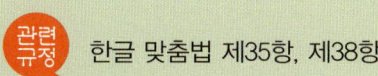 한글 맞춤법 제35항, 제38항

I. 한글 맞춤법

6 ~지 말아라? ~지 마라!

길잡이
1. 금지를 나타내는 명령형을 어떻게 표현하는지 안다.
2. 두 개의 용언이 결합하여 하나의 용언이 될 때, 어떻게 쓰는지 안다.
3. 어간이 같더라도 활용 양상이 다른 용언을 어떻게 표기하는지 안다.

사소한 일에 상처받지 말아라

미리 보기

✓ '마라'가 옳다.

탐구하기

직접 명령
대면 상황에서 상대방에게 직접 어떤 행동을 요구하는 명령.

간접 명령
불특정 다수나 눈앞에 보이지 않는 대상에게 어떤 행동을 요구하는 명령.

1. ~지 말아라? ~지 마라!

금지를 나타내는 직접 명령은 '~지 마라'가, 간접 명령은 '~지 말라'가 정확한 표현이다. 왜 그럴까? 실생활에서 오용되는 사례를 먼저 확인해 보자.

위에서 "사소한 일에 상처받지 말아라."는 틀린 표현이다. 사진의 명령의 대상은 불특정 다수이므로 간접 명령형 표현을 사용해야 한다. 따라서 어간 '말-'에 명령을 나타내는 '-(으)라'가 결합된 **'말라'**가 맞는 표현이 된다. 그리고 '말-'은 인용절에도 쓰여 "오지 말라고 하시오.", "오지 말라는 말을 전하시오."와 같이 쓰인다.

또한 '말다'의 어간 끝 자음인 'ㄹ'이 직접 명령형 어미 '-아라'와 결합할 때에는 **'마라'**를 사용한다. 직접 명령 '마라'는 관용적으로 굳어져서 사용되는 사례이다. 위 자료에서 만약 직접 얼굴을 보고 말하는 것이라면, "사소한 일에 상처받지 마라."라고 해야 한다.

2. '돌아가다'와 '드러나다'

돌다 + 가다 = 돌아가다
들다 + 나다 = 드러나다

두 개의 용언이 결합할 때 앞말의 본뜻이 유지되고 있는 것은 그 원형을 밝히어 적고, 그 본뜻에서 멀어진 것은 밝혀 적지 않는다.
 '**돌아가다**'는 '물체가 일정한 축을 중심으로 원을 그리면서 움직여 가다.'라는 뜻의 단어로 '돌아가다'에는 '돌다'의 뜻이 유지되고 있다.
 반면에, '**드러나다**'의 뜻은 '가려 있거나 보이지 않던 것이 보이게 되다.'인데, '드러나다'의 일부인 '들다'는 '밖에서 속이나 안으로 향해 가거나 오거나 하다.', '아래에 있는 것을 위로 올리다.' 등을 뜻하는 단어이다. 그러므로 '드러나다'는 '들다'의 본뜻에서 멀어진 것으로 보아 원형을 밝혀 적지 않는다.
 따라서 '돌아가다'와 '드러나다'가 표기에 맞는 말이다.

본뜻이 유지되고 있는 용언
넘어지다, 늘어나다, 늘어지다, 떨어지다 등.

본뜻에서 멀어진 용언
사라지다, 쓰러지다 등.

3. '치러', '일러[무]', '이르러[조]'의 활용

수남, 설계사 시험 치뤄?

「행복」⟨○○○ 오전 9시⟩그동안 가사일을 도맡아 하면서 시험공부를 계속해 왔던 수남이 마침내 설계사 시험을 무사히 끝낸다.

치르다: 치르- + -어 = 치러
이르다[무]: 이르- + -어 = 일러
이르다[조]: 이르- + -어 = 이르러

어간이 '르'로 끝나는 용언
1. 어간의 'ㅡ'가 탈락하는 용언. 예 치르다, 따르다(치러, 따라)
2. 어간의 'ㅡ'가 탈락하고 어미 '-아/-어'가 '-라/-러'로 바뀌고 또 하나의 'ㄹ'이 생기는 용언. 예 가르다, 거르다, 구르다, 벼르다, 부르다, 오르다, 지르다 등(갈라, 걸러, 굴러, 별러, 불러, 올라, 질러)
3. 어미 '-어'가 '-러'로 바뀌는 용언. 예 노르다, 누르다, 푸르다 등(노르러, 누르러, 푸르러)

'**치르다**, **이르다**[무], **이르다**[조]'는 모두 어간이 '르'로 끝나는 용언인데, 어미 '-어'가 결합할 때 보이는 활용의 모습은 각각 다르다.

'치르다'는 '치러'로 어간 끝음절인 '르'의 'ㅡ'가 탈락되고 모음 어미가 그대로 결합한다.

'이르다'[무]와 '이르다'[조]는 기본형이 같지만 어미가 붙었을 때 활용하는 모습은 서로 다르다. '이르다'[무]는 "오늘 따라 도착한 시간이 일러."에서와 같이 'ㄹㄹ' 형태를 취하며, '이르다'[조]는 '도착하다'의 뜻으로 "그는 그만 결승 지점에 이르러 쓰러졌다."에서처럼 어미가 'ㄹ' 형태를 취한다.

이처럼 '치르다'는 '**치러**', '이르다[무]'는 '**일러**', '이르다[조]'는 '**이르러**'로 표기한다.

연습하기

✓ 옳은 것을 선택하고, 그 이유를 설명해 보자.

1. 그가 이번 사건을 꾸민 것이 경찰에 의해 {①드러났다, ②들어났다}.

   이유:

2. (병원에서 소란을 피우는 아이들에게 엄마가 하는 말) 떠들지 {①말아라, ②마라, ③말라}.

   이유:

3. 영호는 소매를 {①걷으며, ②걸으며} 그 일을 시작하였다.

   이유:

4. 마지막으로 도착한 선수는 결승 지점에 {①이르러, ②일러} 관객을 향해 두 손을 들고 완주의 기쁨을 표하였다.

   이유:

5. 이번 가족 행사는 무사히 잘 {①치렀다, ②치뤘다}.

   이유:

도움말

1. 경찰이 사건을 조사하여 그가 어떤 사건을 꾸며 냈음을 밝혀냈으므로 정답은 '가려있거나 보이지 않던 것이 보이게 되다'의 뜻을 가진 '①드러났다'이다.
2. 엄마가 복도에서 떠드는 아이에게 떠들지 말라고 훈계하고 있으므로 정답은 금지를 나타내는 직접 명령인 '②마라'이다.
3. 소매를 걷는 행위는 어떠한 일을 본격적으로 시작하다의 뜻을 나타내기 때문에 '걷다'의 규칙 활용인 '①걷으며'를 선택해야 한다.
4. 결승 지점에 도달하다의 의미이므로 '①이르러[至]'를 선택해야 한다.
5. 어떤 일을 겪어내다의 뜻을 갖는 '치르다'는 원형이 '치루다'가 아니고 '치르다'이다. 따라서 '치르-+-었+-다'에서 어간 끝 음절인 '르'의 'ㅡ'가 탈락되는 형태인 '①치렀다'를 선택해야 한다.

참고하기

'푸다'는 왜 '풔'가 아니라 '퍼'일까?

주다: 주- + -어 = 줘
푸다: 푸- + -어 = 퍼

'**주다**'의 어간 '주-'에 어미 '-어'가 결합하면 축약되어 '**줘**'가 된다.

그런데 '**푸다**'는 어떻게 활용할까? '주다'와 같이 '풔'로 활용할까? 이는 누구나 이상하다고 생각할 것이다. '푸다'는 '**퍼**'로 활용하기 때문이다. 그리하여 동사 '푸다'는 '우' 불규칙 용언이라고 한다. 왜 '푸다'는 '퍼'로 활용할까?

'푸다'의 고어 형태가 '프다'였음을 알면 이해하기 쉽다. '프다'는 어간이 'ㅡ'로 끝난 용언이므로 모음 어미 '-어'가 결합할 때 '슬프다'가 '슬퍼'로 활용되는 것과 같이 어간의 'ㅡ'가 탈락되고 어미 '-어'가 결합한다. 그래서 '퍼'로 활용하는 것이다.

이러한 활용 형태가 굳어져 어간의 'ㅡ'가 'ㅜ'로 변하는 시기에도 활용은 이전의 모습이 유지되어 지금까지도 '퍼'로 활용되고 있다.

마무리하기

| 금지를 나타내는 '말다'는 직접 명령과 간접 명령에 따라 활용 양상이 다르다. | ➤ | 직접 명령: 마라 |
| | | 간접 명령: 말라 |

| 두 개의 용언이 결합할 때 본뜻이 유지되는 경우는 원형을 밝혀 적고 본뜻에서 멀어진 경우는 원형을 밝혀 적지 않는다. | ➤ | 돌아가다 |
| | | 드러나다 |

어간이 '르'로 끝난 용언은 다양한 모습으로 활용된다.	➤	치르다: 치러
		이르다[早]: 일러
		이르다[至]: 이르러

관련 규정 한글 맞춤법 제15항, 제18항

I. 한글 맞춤법

7 '하늬바람'의 표기와 발음

길잡이
1. 발음과 표기가 일치하지 않는 경우가 있음을 안다.
2. 발음 현상을 이해하고 바르게 표기할 수 있는 능력을 기른다.

미리 보기

✓ '닐리리'가 옳은 표기이다. 그러나 발음은 [닐리리]로 한다.

탐구하기

1. '하늬바람'의 표기와 발음

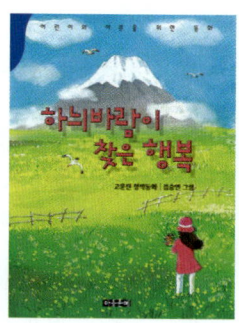 

'하늬바람'은 주로 농촌이나 어촌에서 '서쪽에서 부는 바람'을 이르는 말이다. '**하늬바람**'은 [하니바람]으로 발음된다. 발음에 따라 '하니바람'으로 적으면 안 될까?

'의'나 자음을 첫소리로 가지고 있는 음절의 'ㅢ'는 'ㅣ'로 소리 나는 경우가 있더라도 원형을 밝혀 'ㅢ'로 적어야 한다.

'밤이나 도토리의 속껍질'을 의미하는 '**보늬**'도 마찬가지이다. 동사 '보다'의 활용형인 '보니'와 발음이 같더라도 표기는 다르다. 만약 발음이 같다고 '보니'라고 표기한다면, 두 단어는 구분이 안 될 것이다.

또한 '**오늬**' 역시 발음은 [오니]로 하지만, 표기는 '오늬'로 한다. 마찬가지로 '오니'로 표기하면 동사 '오다'의 활용형 '오니'와 구분이 안 될 것이다. '오늬'는 '화살의 머리를 활시위에 끼우도록 에어 낸 부분'을 뜻하는 단어이다.

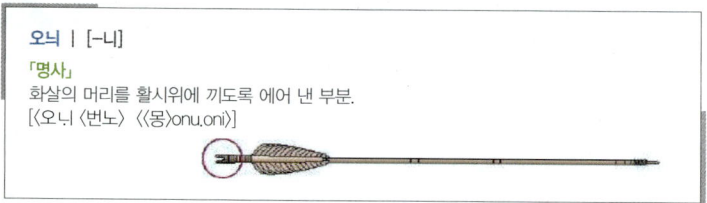

'**무늬**', '**닐리리**', '**닁큼**' 등은 'ㅢ'가 [ㅣ]로 발음되지만 'ㅣ'로 적지 않는다.

2. 띠어쓰기? 띄어쓰기!

 이 자료에서 '띠어쓰기'는 '**띄어쓰기**'로 고쳐 써야 한다. '띄어쓰기'에서 '띄'의 발음은 [띠]로 나지만 한글 맞춤법에 따라 '띄'로 적어야 한다. '뜨이어'가 '띄어'로 축약되었기 때문이다.
 다음 예에서도 밑줄 그은 부분의 발음이 [ㅣ]로 나더라도 'ㅢ'로 표기하고 있음을 확인할 수 있다.

무늬 [무니]   희망 [히망]
씌어 [씨어]   희다 [히다]
닁큼 [닁큼]

 이처럼 발음은 [ㅣ]로 나지만 표기는 'ㅢ'로 하는 것은 결국 원형을 밝혀 적는다는 큰 원리가 내재해 있다는 것을 보여 준다.

닁큼
머뭇거리지 않고 단번에 빨리.

냉큼
머뭇거리지 않고 가볍게 빨리.

연습하기

✓ '의'의 발음과 표기를 고려하여, 틀린 표기를 찾아 바르게 고쳐 보자.

1. 정당은 정권 획득이 목표라는 점에서 이익 집단과는 다른 성격을 띈다.

2. 유리창에 빗방울이 무니를 이루고 있다.

3. 닁큼과 냉큼은 의미 차이가 있는 말일까?

4. 미안해. 본이 아니게 거친 말을 하고 말았네.

5. 과자 이름 '누네띠네'는 눈에 띤다는 뜻을 갖고 있대.

도움말

1~5 문장의 한글 맞춤법에 어긋난 표현은 '의'의 발음과 표기 방법을 혼동한 데서 그 원인을 찾을 수 있다. 현실 발음에서 '의'와 '이'가 구분되지 않을 경우 바른 표기를 하지 못하는 경우가 많다.

 1. 띈다. → 띤다. 2. 무니 → 무늬 3. 닁큼 → 냉큼 4. 본이 → 본의
5. 띤다는 → 띈다는 / 뜨인다는

참고하기

'ㅢ'의 표기와 발음

표기와 발음이 다른 경우가 있다. 특히 모음 'ㅢ'를 발음할 때 머뭇거리는 경우가 많다.

'**강의**'는 표기 그대로 발음하면 [강:의]이지만 [강:이]라고 발음하는 게 더 쉬워 보인다. **[강:의]**는 원칙, **[강:이]**는 허용으로 둘 다 맞다. '**강의의**'는 표기대로 [강:의의]로 정확히 발음할 수도 있으나 **[강:의에]**, **[강:이에]**로 발음하는 것이 더 편할 수도 있다. 특히 [강:이에] 발음이 더 자연스럽게 느껴진다. 이 발음들은 모두 맞다.

'ㅢ'를 이렇게 다양하게 발음하는 것은 "단어의 첫음절 이외의 '의'는 [ㅣ]로, 조사 '의'는 [ㅔ]로 발음함도 허용한다."라는 표준 발음법 5항 규정에 근거한다. '**의의**'를 **[의:의/의:이]**, '우리의'를 [우리의/우리에]로 둘 다 발음이 가능하다는 것이다.

한편, '**늴리리**'라는 단어를 발음하면 [닐리리]라고 해야만 한다. 자음을 첫소리로 가지고 있는 음절의 'ㅢ'는 반드시 [ㅣ]로 발음해야 하기 때문이다. '**닁큼**'을 [늴큼]이 아닌 [닝큼]으로 발음해야만 하는 것이다. 이 내용도 표준 발음법 5항에 제시되어 있다.

마무리하기

1. 모음 '의'는 단독으로 뚜렷이 발음할 때와는 달리 겹쳐 나거나 자음 다음에 이어질 경우 뚜렷이 발음되지 않는다.

2. '의의(意義)'를 [의:의/의:이]로 소리 내고, '무늬'와 '희망'을 [무니]와 [히망]으로 소리 내는 것처럼 'ㅢ'의 발음이 뚜렷하지 않기 때문에 맞춤법에 어긋난 표기를 할 경우가 많다.

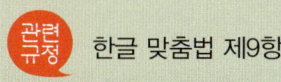

관련규정 한글 맞춤법 제9항

I. 한글 맞춤법

8 '느긋이'와 '솔직히'

1. '-이' 또는 '-히'로 끝나는 부사의 표기법을 이해한다.
2. 일상에서 '-이'와 '-히'를 구분하여 사용하는 방법을 익힌다.

솔직히   **느긋이**

정확히 쏜다!

미리 보기

✓ '상당히'로 표기하는 것이 맞다.

탐구하기

1. '느긋이'와 '솔직히'

> **느긋이** 즐기는 독서의 즐거움
> 2010. 8. 30 14:14
>
> 기사 입력 2010. 11. 30 20:16 최종 수정 2010. 11. 30 20:16
> **"1인 5역, 솔직히 부담스럽다"**

접미사 '-이'나 '-히'가 붙어 형성된 파생 부사의 경우 부사의 끝음절은 부사의 실제 발음에 따라 적을 수 있다. 예를 들어 부사의 끝음절 발음이 '**느긋이**[느그시], **버젓이**[버저시], **가까이**[가까이]'처럼 온전히 '이'로만 나는 것은 표기 역시 '-이'로 적는다. 마찬가지로 '딱히[따키]'나 '속히[소키]'처럼 실제 끝음절의 발음에 'ㅎ'이 살아 있는 경우 부사의 끝음절은 '-히'로 표기한다.

만일 부사의 끝음절이 '-이'로도 발음되고 '-히'로도 발음되는 경우는 어떻게 표기하는 것이 옳을까? '**솔직히**'는 말하는 이에 따라 [솔찌기]로도 발음되고 [솔찌키]로도 발음된다. '**꼼꼼히**' 역시 [꼼꼬미]와 [꼼꼼히]의 발음이 모두 자연스럽다. '**상당히**'도 [상당이]와 [상당히]의 발음이 모두 자연스럽다. 이 경우에는 끝음절을 '-히'로 표기한다. '솔직히', '꼼꼼히', '상당히'가 맞는 표기이다.

그러나 이처럼 발음에 따라 표기를 결정하는 규정의 경우, 발음하는 사람의 언어 사용 습관에 따라 잘못된 표기를 쓸 수 있으므로 국어사전을 확인하는 습관이 필요하다.

2. 부사 형성법에서 '-이'로 적는 경우

1) (첩어 또는 준첩어인) 명사 뒤

'**겹겹이**'와 같은 첩어나 '**나날이**'와 같은 준첩어에 접미사가 붙어 부사가 되는 경우 끝음절을 '-이'로 표기할 수 있다.

줄줄 + '-이' → **줄줄이**
살살 + '-이' → **살살이**

2) 'ㅅ' 받침 뒤

'**깨끗이**'나 '**번듯이**'와 같이 'ㅅ' 받침으로 끝나는 단어 뒤에 접미사가 붙는 경우 역시 '-이'로 표기한다. '깨끗이' 발음을 [깨끄치]로 발음하는 경우가 있는데, 이는 잘못이다. [깨끄시]로 발음해야 한다.

지긋 + '-이' → **지긋이**
빠듯 + '-이' → **빠듯이**

3) 'ㅂ' 불규칙 용언 어간 뒤

'**가벼이**'나 '**괴로이**'와 같이 'ㅂ' 불규칙 용언의 어간을 갖는 부사의 경우 부사 끝음절을 '-이'로 표기한다.

외롭 + '-이' → **외로이**
기껍 + '-이' → **기꺼이**

4) '-하다'가 붙지 않는 용언 어간 뒤

용언 어간 바로 뒤에 '-하다'가 결합되지 않는 경우 부사 끝음절을 '-이'로 표기한다. 예를 들어 부사 '**굳이**'의 용언 어간 '굳-'에 '-하다'를 결합한 '*굳하다'가 성립되지 않으므로 '-이'로 표기하여야 한다.

실없 + '-이' → **실없이**
헛되 + '-이' → **헛되이**

첩어(疊語)
한 단어를 반복적으로 결합한 복합어. '누구누구', '꼭꼭', '겹겹이' 등.

준첩어(準疊語)
유사한 단어가 반복적으로 결합한 복합어. '다달이', '나날이' 등.

불규칙 용언
어간과 어미가 결합하여 활용할 때 규칙적인 설명을 할 수 없는 현상.

3. 부사 형성법에서 '-히'로 적는 경우

정확히 쏜다!

1) '-하다'가 붙는 어근 (단, 'ㅅ' 받침 제외)

엄격히와 같이 어근 바로 뒤에 '-하다'가 붙었을 때 자연스러운 경우, '-히'로 표기한다. 이때의 어근은 용언 어간뿐 아니라 명사, 부사와 같은 어근 전체를 포함한다.

> 예 정확(명사) + '-하다' → 정확하다
> 　　정확 +'-이/히' → **정확히**

간편 + '-이/히' → **간편히**,　고요 + '-이/히' → **고요히**

2) '-하다'가 붙는 어근에 '-히'가 결합하여 부사가 줄어든 형태

명사 '익숙'은 '-하다'와 결합할 수 있는 어근이다. 이와 같은 어근에 '-히'가 결합하여 부사 '익숙히'가 생성되는데, 이것이 줄어든 형태의 부사에는 '-히'가 그대로 유지되어, '익히'와 같이 표기한다.

익숙히 → 익히,　특별히 → 특히,　능숙히 → 능히

3) '-하다'가 안 붙고 어근 형태소 본뜻이 유지되지 않는 경우

어원적으로는 '-하다'가 붙지 않는 어근에 부사화 접미사가 결합한 형태로 분석되더라도, 그 어근 형태소의 본뜻이 유지되고 있지 않은 단어의 경우는 익숙한 대로 '-히'로 적는다.

작히

작히
'어찌 조금만큼, 오죽이나'의 뜻으로 희망이나 추측을 나타내는 말.
예 그렇게 해 주시면 작히 좋겠습니까?

연습하기

1. '-이/히'로 끝나는 파생 부사의 발음이 올바른 것을 찾고, 괄호에 맞는 형태를 써 보자.

    (1) 이번 입찰 건에 대해 {①[엄껴기], ②[엄껴키]} 따져 보겠어. (   )
    (2) 세상에, 이 많은 일을 {①[틈트미], ②[틈틈히]} 해 놓은 거야? (   )
    (3) 우리 가족에게 이렇게 {①[각뼈리], ②[각뻘히]} 신경 써 주셔서 감사합니다.
        (   )
    (4) 전 평소에 {①[조용이], ②[조용히]} 휴식을 취하는 것을 좋아합니다.
        (   )

2. 밑줄 친 말에 해당하는 표기 규정을 아래에서 찾아 기호로 써 보자.

    (1) 내 말을 <u>가벼이</u> 듣지 마라. (   )
    (2) 그거 정말 <u>깊이</u> 생각하고 결정한 거지? (   )
    (3) <u>곰곰이</u> 생각해 보니 어제 그 일은 내가 잘못한 것 같아. (   )
    (4) 좀 더 <u>과감히</u> 도전해 봐! (   )
    (5) <u>특히</u> 그 문제는 공식을 사용해서 풀어야지. (   )

    〈 아래 〉

    1. '이'로 적는 것
        ㉠ 첩어 또는 준첩어 명사 뒤   ㉡ 'ㅅ' 받침 뒤
        ㉢ 'ㅂ' 불규칙 용언의 어간 뒤   ㉣ '-하다'가 붙지 않는 용언 어간 뒤
        ㉤ 부사 뒤

    2. '히'로 적는 것
        ㉥ '-하다'가 붙는 어근 뒤 ('ㅅ' 받침 제외)
        ㉦ '-하다'가 붙는 어근에 '-히'가 결합해 줄어든 형태
        ㉧ '-하다'가 붙지 않고, 어근 형태소의 본뜻이 유지되지 않는 단어 뒤

도움말

> 답 1. (1) ②[엄껴키]–엄격히 (2) ①[틈트미]–틈틈이 (3) ②[각뻘히]–각별히 (4) ②[조용히]–조용히
> 2. (1) ㉢ (2) ㉣ (3) ㉠ (4) ㉥ (5) ㉦

8. '느긋이'와 '솔직히'

참고하기

부사 형성 파생법

'깨끗이', '신속히'와 같은 단어는 실제적인 의미를 나타내는 단어의 어간에 파생 접미사 '-이' 또는 '-히'가 결합하여 만들어진 부사이다. 어근이나 단어의 뒤에 붙어 새로운 단어를 만들어내는 접사인 파생 접미사를 사용하여 부사를 만드는 방법을 부사 형성 파생법이라고 한다.

부사 형성 파생법에 자주 쓰이는 파생 접미사는 '-이', '-히', '-오/우' 등이 있으나 '-오/우'는 단어를 생성하는 예가 적고 주로 '-이/히'가 많이 쓰인다.

'-이'는 형용사 어근, 불규칙적 어근, 명사 반복에 의한 반복합성어 어근, 부사 어근 등과 결합하여 부사를 파생한다.

'-이': 길이, 높이, 같이 / 깨끗이, 느긋이, 널찍이 / 나날이, 집집이 / 일찍이, 더욱이

'-히'는 주로 명사나 부사, 형용사 어근 등에 붙어 부사를 파생하는데, 특징적인 점은 이때의 어근에 대체로 '-하다'가 붙을 수 있다는 것이다.

'-히': 분주히, 고요히 / 가만히 / 조용히, 순순히, 급히

'-오/우'가 붙는 파생 부사는 위에서 언급한 대로 그 예가 많지 않다. 주로 함께 결합하는 어간의 받침이 뒤로 이동해 표기된다.

'-오/우': 도로('돌-'+'-오'), 자주('잦-'+'-우'), 너무('넘-'+'-우')

이들 단어처럼 부사 파생 접미사로 형성된 부사는 사전에 등재되어 그 자체로 부사의 역할을 하고 있다.

마무리하기

1. 부사 파생 접미사 '-이/히'가 결합하여 형성된 부사의 경우, 그 실제 발음에 따라 끝음절을 표기할 수 있다.
   예 깊숙이, 우뚝이, 오뚝이, 히죽이 / 극히, 급히, 도저히

2. 깨끗이[깨끄시]처럼 '이'로만 발음되면 끝음절을 '-이'로, 딱히[따키]처럼 '히'로만 발음되면 '-히'로 표기한다.

3. '이/히' 모두 발음되는 경우 부사의 끝음절은 '-히'로 표기한다.

4. 첩어 명사 뒤(다달이, 틈틈이), 'ㅅ' 받침 뒤(오롯이, 버젓이), 'ㅂ' 불규칙 용언 어간 뒤(외로이, 고이), '-하다'가 붙지 않는 용언 어간 뒤(헛되이, 적이, 많이)에는 '-이'로 표기한다.

5. '-하다'가 붙는 어근 뒤 ('ㅅ' 받침 제외)(간편히), '-하다'가 붙는 어근이 줄어든 형태(익히, 특히, 능히), '-하다'가 붙지 않고 어근의 본래 뜻이 사라진 단어 뒤(작히)에는 '-히'로 표기한다.

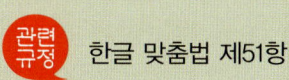
관련규정 한글 맞춤법 제51항

I. 한글 맞춤법

'죄어야'의 준말은 '좨야'

길잡이
1. 말이 줄어드는 원리를 이해한다.
2. 준말을 바르게 적는 방법을 안다.

나사는 죄야 하나? 좨야 하나?

미리 보기

✔ '어제저녁, 엊저녁' 모두 맞다.

9. '죄어야'의 준말은 '좨야'

탐구하기

1. '죄어야'와 '쫴야'

　누구나 풀린 나사를 한 번쯤 죄어 본 경험이 있을 것이다. 나사를 죄었던 기억은 있지만 나사를 '죄야' 하는지 '쫴야' 하는지는 아리송하기만 하다.
　이것은 '**쫴야**'로 쓰는 것이 맞다. '**쫴야**'는 '**죄어야**'가 줄어든 것이기 때문이다.
　이와 같은 현상은 '**되어**'와 '**돼**'에서도 발견할 수 있다. "너 그러면 안 돼."를 "너 그러면 안 되."로 잘못 쓰는 경우를 종종 발견할 수 있다. '돼'는 '되어'가 줄어든 것이므로, '되-'라는 용언 어간만 남겨 쓸 수 없다.
　다른 예들을 더 들어 볼 수 있다.

　　　　　　내일 **뵈어요/봬요**.
　　　　　　봄 신상품 **선뵈어/선봬**.
　　　　　　손으로 턱을 **괴었다/괬다**.

현대 국어의 모음

오늘날 [ㅔ]와 [ㅐ], [ㅚ]와 [ㅙ]를 정확하게 구분하여 발음하지 않으면서 표기에서도 많은 오류가 나타난다.

예) 집에 오는 {대로/*데로} 하면 {되지/*돼지}.

2. 않 쓸까? 안 쓸까!

어떤 때에 '안'으로 적고 어떤 경우에 '않'으로 적을까?
 '**안**'은 용언 앞에 붙어 부정 또는 반대의 뜻을 나타내는 부사 '아니'의 준말이고, '**않다**'는 동사나 형용사 아래에 붙어 부정의 뜻을 더하는 '아니하다'의 준말이다. '않 쓰고 모은 돈'의 '안'은 '쓰다'를 꾸며 주는 부사이기 때문에, '안 쓰고 모은 돈'으로 쓰는 것이 맞다.
 "지현이는 돈을 함부로 쓰지 않는다."라고 할 때는 '않'으로 쓰는 것이 맞다. '쓰지 않다'에서 '**않다**'는 '쓰다'라는 동사에 붙어 부정의 뜻을 나타내는 '**아니하다**'의 준말이기 때문이다.
 '안'과 '않'을 구별하여 적는 경우를 더 살펴보자.

> 성호는 훌쩍 떠난 후로 다시 돌아오지 않았다.
> 이런 기회는 아마도 다시는 안 돌아올 거야.
> 그렇지 않아.
> 안 그래.

'아니'를 '안'으로, '아니하다'를 '않다'로 표기하는 것은 "단어의 끝모음이 줄어지고 자음만 남은 것은 그 앞의 음절에 받침으로 적는다."라는 규정에 따른 것이다.

　　　　　어제저녁/엊저녁, 어제그저께/엊그저께
　　　　　디디다/딛다, 가지다/갖다

연습하기

1. 괄호 안에 있는 단어를 준말은 본말로, 본말은 준말로 고쳐 보자.

(1) 금반지가 비단 주머니에 곱게 (싸이어) 있다.

(2) 어머니가 방금 아기를 담요 위에 (뉘셨다).

(3) 우리는 외할머니 댁에서 설을 (쇠었다).

2. 괄호 안에 있는 단어의 준말을 적어 보자.

(1) 땅에서 쓰러진 자 땅을 (디디고) 일어선다는 말이 있다.

(2) 가을장마 후 날씨가 (개어서) 가족과 함께 가까운 곳으로 소풍을 갔다.

> **도움말**
>
> 앞서 학습하였던 규정을 떠올리며 각각의 단어가 어떻게 줄어진 말인지 판단해 보자. 줄어지고 남은 말이나 줄어진 말의 발음을 정확하게 알면 표기를 바르게 할 수 있다.
>
> **답** 1. (1) 싸여, 쌔어 (2) 누이셨다 (3) 쇘다
> 2. (1) 딛고 (2) 개서

참고하기

치이다, 싸이다, 메이다

▶ 치이어/치여

'**치이다**'의 어간에 어미 '**-어**'가 결합한 '**치이어**'는 '**치여**'로 줄여 적을 수 있다. 'ㅣ' 뒤에 '-어'가 와서 'ㅕ'로 줄 적에는 'ㅕ'로 적는다. '**가지어/가져, 견디어/견뎌, 치이어/치여**'를 예로 들 수 있다.

▶ 싸이어/싸여/쌔어

'**싸이다**'는 '**쌔다**'로 줄여 쓸 수 있다. '싸다'처럼 'ㅏ'로 끝난 어간에 '-이-'가 와서 'ㅐ'로 줄면 'ㅐ'로 쓸 수 있다. 이 '쌔다'에 어미 '-어'가 오면 '**쌔어**'가 된다. '싸이다'의 어간에 어미 '-어'가 결합한 '**싸이어**'는 '치이어/치여'처럼 '**싸여**'로 줄여 쓸 수 있다.

▶ 메이어/메여

'**메이다**'의 어간에 어미 '-어'가 결합한 '**메이어**'는 '**메여**'로 줄여 쓸 수 있다. 이를 '메이여'로 쓰는 것은 잘못이다.

마무리하기

1. 용언 어간의 모음이 'ㅚ'인 경우 뒤에 '-어'가 붙어 줄어지는 경우 'ㅙ'로 표기한다.
   예 되+어 → 돼, 죄+어 → 좨, 뵈어 → 봬, 쇠어 → 쇄

2. 단어의 끝 모음이 줄어지고 자음만 남았을 때 남은 자음은 앞말의 받침으로 적는다.
   예 아니 → 안, 어제저녁 → 엊저녁

 한글 맞춤법 제32항, 제35항, 제36항, 제37항

I. 한글 맞춤법

10 '아랫방'과 '월세방'

길잡이
1. 우리말의 사잇소리 현상이 갖는 특징을 이해하고 그 표기법을 안다.
2. 어휘의 체계와 단어의 구조를 분석하여 사이시옷을 바르게 표기할 수 있다.

최저가 월세방
1. 평수 약 13평 큰 방 1개, 화장실 1개, 주방 시설 완비.
2. 보증금 500만 원 - 월 25만 원
   보증금 300만 원 - 월 30만 원
3. 버스 정류장 2~3분 거리에 위치
4. 즉시 입주 가능

전셋방 내놓아요
1. 평수 약 28평 큰 방 2개, 화장실 2개, 기름 보일러 완비.
2. 전세금 1억
3. 지하철 도보로 5분 거리
4. 즉시 입주 가능

미리 보기

<인 사 말>

반갑습니다.
저희 ○○○ 어린이집은 또래들과 함께 생활하면서 많은 것을 경험하고 습득하는 작은 공동체입니다.

규범아.
'인사말'이 맞는 거야,
'인삿말'이 맞는 거야?

응. '인사말'이 맞는 거야.

왜 '인사말'로 적어야 하지?

발음이 [인사말]이니까.

✓ 맞춤법의 기본 원리는 소리 나는 대로 적는 것이다.

탐구하기

우리의 전통 가옥에는 '머릿방'이 있다. **머릿방**은 '안방에 딸린 작은 방'을 말하는데 [머리빵/머릳빵]으로 소리가 난다. 미용실을 뜻하는 **머리방**을 [머리방]으로 소리 내는 것과는 차이가 있다.

'건넌방'과 '건넛방'

건넌방: 안방에서 대청을 건너 맞은편에 있는 방.

건넛방: 건너편에 있는 방.

🔵 선생님들은 저 방에 묵었고 학생들은 그 건넛방에 묵었다.

1. '아랫방'과 '나룻배'

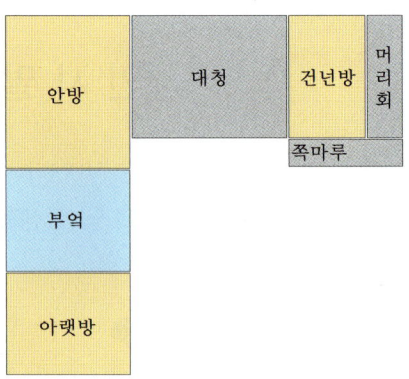

이 도면에 나타난 합성어로는 '안방, 건넌방, 아랫방, 쪽마루'가 있다. 이 가운데 **안방**[안빵], **아랫방**[아래빵/아랟빵]'은 뒷말이 된소리로 나므로 사잇소리 현상이 나타나는 단어들이다.

'아랫방'은 '아래'와 '방(房)'이 합쳐진 합성어이다. 순우리말과 한자어로 이루어진 합성어에서 앞말이 모음으로 끝난 경우, 뒷말의 첫소리가 된소리로 나면 사이시옷을 적는다.

순우리말로 이루어진 합성어로서 앞말이 모음으로 끝난 경우도 마찬가지이다. 즉 **'나룻배'**는 '나루'와 '배'가 합쳐지면서 사이시옷이 들어간 것이다.

> **사잇소리 현상**
>
> 둘 이상의 어근이나 단어가 결합할 때, 그 사이에 어떤 소리가 들어가는 현상을 사잇소리 현상이라고 한다.
>
> 사잇소리 현상 중에는 등불[등뿔], 산골[산꼴], 집일[짐닐]처럼 발음에는 변화가 있어도 표기에는 변화가 없는 경우도 있고(등+불, 산+골, 집+일), 촛불[초뿔/촏뿔], 예삿일[예:산닐]처럼 발음에도 변화가 있고 표기에도 변화가 있는 경우도 있다(초+불 → 촛불, 예사+일 → 예삿일).

2. '월세방'과 '전셋방'

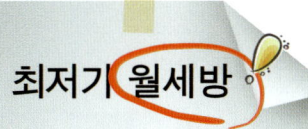

위에서 '**월세방, 전세방**'이 맞는 표기이다. 한자어와 한자어로 이루어진 합성어에는 사이시옷을 적지 않는다. 'ㅅ'을 넣는 한자어 합성어는 아래에 있는 여섯 개에 한정된다.

셋방, 곳간, 찻간, 툇간, 숫자, 횟수

사이시옷을 넣는 한자어를 여섯 개로 한정한 까닭은 사이시옷이 들어가는 한자어의 수가 과도하게 늘어나는 것을 막기 위한 것이다.

따라서 '초점(焦點)'과 '소수(素數)'와 같은 한자어 합성어는 '**초점**'과 '**소수**'로 적어야 하며, '월세방[월쎄빵], 전세방[전세빵], **기차간**[기차깐]' 등은 된소리로 발음되지만 사이시옷을 표기하지 말아야 한다.

연습하기

1. 밑줄 친 부분을 바르게 고치고 그 이유를 말해 보자.

① <u>옛부터</u> 전해 오는 좋은 습관은 전통이 될 수 있다.
② 책의 맨 앞에 쓰는 글을 '<u>머릿말</u>'이라고 한다.
③ 실수에서 양 또는 음의 부호를 떼어버린 수를 <u>절대값</u>이라고 한다.

2. 다음은 사이시옷을 적지 <u>않는</u> 경우이다. 그 이유를 말해 보자.

① 예사소리
② 해님

3. '대가, 초점, 이점, 허점'을 표준 발음으로 정확히 소리내 보자.

도움말

답
1. ① 옛부터 → 예부터
   '예'는 명사이며 '부터'는 조사이므로 합성어가 아니어서 사이시옷을 적지 않는다.
   ② 머릿말 → 머리말
   인사말[인사말]과 마찬가지로 'ㄴ'이 덧나지 않는 발음인 [머리말]로 소리 나기 때문에 사이시옷을 적지 않는다.
   ③ 절대값 → 절댓값
   한자어와 순우리말로 이루어진 합성어로 앞말이 모음으로 끝나며 뒷말의 첫소리가 된소리로 나므로 사이시옷을 적는다.
2. ① 예사소리: 표준 발음이 [예사소리]이므로 사이시옷을 적지 않는다.
   ② 해님: '-님'은 접미사이므로 파생어에 해당한다. 합성어가 아니므로 사이시옷을 적지 않는다.
3. [대:까], [초쩜], [이:쩜], [허쩜]과 같이 뒤에 오는 말이 된소리로 소리 나지만 사이시옷을 적는 여섯 개의 한자어에 포함되지 않으므로 사이시옷을 표기에 반영하지 않는다. 사전에서는 이처럼 발음과 표기가 일치하지 않을 경우 발음 정보를 표시한다.

참고하기

사이시옷을 붙이는 경우

다음과 같은 경우에 사이시옷을 앞말의 받침으로 적는다.

1. '고유어+고유어'로 된 합성어로서 앞말이 모음으로 끝난 경우이면서 아래 (1)~(3) 중 하나에 해당할 때
   (1) 뒷말의 첫소리가 된소리로 나는 것 (예 **나룻배, 나뭇가지, 냇가, 선짓국, 찻집, 햇볕**)
   (2) 뒷말의 첫소리 'ㄴ, ㅁ' 앞에서 'ㄴ' 소리가 덧나는 것
       (예 **아랫니, 아랫마을, 잇몸, 깻묵, 냇물, 빗물**)
   (3) 뒷말의 첫소리 모음 앞에서 'ㄴㄴ' 소리가 덧나는 것
       (예 **뒷일, 베갯잇, 깻잎, 나뭇잎, 댓잎**)

2. '고유어+한자어' 또는 '한자어+고유어'로 된 합성어로서 앞말이 모음으로 끝난 경우이면서 아래 (1)~(3) 중 하나에 해당할 때
   (1) 뒷말의 첫소리가 된소리로 나는 것
       (예 **귓병, 샛강, 아랫방, 자릿세, 전셋집, 찻잔, 콧병, 탯줄, 텃세, 핏기, 햇수, 횟가루**)
   (2) 뒷말의 첫소리 'ㄴ, ㅁ' 앞에서 'ㄴ' 소리가 덧나는 것
       (예 **곗날, 제삿날, 훗날, 툇마루, 양칫물**)
   (3) 뒷말의 첫소리 모음 앞에서 'ㄴㄴ' 소리가 덧나는 것
       (예 **가욋일, 사삿일, 예삿일, 훗일**)

3. 두 음절로 된 다음 여섯 개의 한자어
   셋방, 곳간, 찻간, 툇간, 숫자, 횟수

마무리하기

1.
사이시옷 표기는 합성어와 파생어, 한자어와 순우리말에 대한 이해가 전제되어야 한다. 또한 사잇소리 현상이나 'ㄴ' 첨가에 따른 발음을 인지할 수 있어야 한다.

예 냇가, 잇몸, 깻잎, 아랫방, 곗날, 예삿일, 전세방, 셋방, 곳간, 찻간, 툇간, 숫자, 횟수

2.
개인의 발음이 언어 공동체 구성원들의 발음과 일치하지 않을 경우도 있으므로 이에 대한 체계적인 이해를 바탕으로 사전을 참고하여 사이시옷 표기 여부를 결정하는 태도가 필요하다.

예 머리말, 인사말, 해님, 초점, 대가(代價), 소수(素數), 개수(個數)

한글 맞춤법 제30항

I. 한글 맞춤법

11 '젊지 않은'과 '점잖은'

길잡이
1. 말이 줄어들 때 발음과 표기가 어떻게 달라지는지 이해한다.
2. 준말을 바르게 표기하는 방법을 익힌다.

'생각하건대'의 줄임말은? 2006-1-28
조회 수35

작성자 ○○○

어떤 선생님이 생각건대래요. 그리고 사전에도 생각건대라고, 그런데 저희 학교 선생님과 몇몇 사람들은 다르게 말씀하시더라고요. 정확한 줄임말이 뭘까요?

미리 보기

✓ '점잖은'이 맞다.

탐구하기

1. '사귀어'와 '적잖다'

> **질문**
> - '사귀어'의 축약형이 있나요?
> - '-잖-'과 '-찮-'은 어디서 왔나요?

준말은 발음을 편리하게 하기 위해 말을 줄여 쓴 표현이다. 말을 줄이는 데에는 일정한 조건이 있는데 **사귀어**처럼 형태가 뚜렷한 경우는 줄여 쓸 방법이 없다. 왜냐하면 지금의 한글로는 'ㅟ'와 'ㅓ'를 줄여 하나의 형태로 표기하지 않기 때문이다.

간혹 '사겨'로 쓰는 사람도 있으나 '-겨-'는 '-귀어-'와는 전혀 다른 발음이므로 바른 표기가 아니다.

준말을 표기할 때에는 줄어든 형태를 적절하게 표기하는 방법을 이해해야 한다. '보이다'의 준말 표기가 '뵈다'가 되거나 '되어'의 준말 표기가 '돼'가 되는 이유도 마찬가지이다. '-오이-'를 줄여 '-외-'로 쓸 수 있으며, '외어'를 줄여 '왜'로 쓸 수 있다.

'-잖-'과 '-찮-'은 '-지 않-'과 '-하지 않-'이 각각 줄어든 형태이다. '적지 않은'을 **적잖은**으로 적고, '변변하지 않은'을 **변변찮은**으로 적어야 한다. 형태상으로는 '-쟎-'이나 '-챦-'으로 분석할 수 있지만 발음 현상을 고려하여 '-잖-', '-찮-'으로 적는다.

깔밋하지 않다 → **깔밋잖다**
남부럽지 않다 → **남부럽잖다**
의젓하지 않다 → **의젓잖다**
대단하지 않다 → **대단찮다**
만만하지 않다 → **만만찮다**
평범하지 않다 → **평범찮다**

사기다는 '새기다'의 옛말이다.

깔밋하다
모양이나 차림새 따위가 아담하고 깔끔하다.

2. '생각하건대'와 '생각건대'

> **'생각하건대'의 줄임말은?**　　2006-1-28
> 작성자 ○○○　　　　　　　　　조회 수35
>
> 어떤 선생님이 생각건대래요. 그리고 사전에도 생각건대라고, 그런데 저희 학교 선생님과 몇몇 사람들은 다르게 말씀하시더라고요. 정확한 줄임말이 뭘까요?

한글 맞춤법에서는 어간의 끝음절 '하'의 'ㅏ'가 줄고 'ㅎ'이 다음 음절의 첫소리와 어울려 거센소리로 될 적에 거센소리로 적도록 규정하였다. '**간편하게**'를 '**간편케**'로 적고 '**흔하다**'를 '**흔타**'로 적는다.

그런데 위의 질문과 같이 어간의 끝음절 '하'가 완전히 줄어드는 경우가 있다. '**거북하지, 넉넉하지, 생각하건대, 못하지, 섭섭하지, 깨끗하지, 익숙하지**'와 같은 말들은 어간의 끝음절 '하'가 완전히 줄어든다. 따라서 '**거북지, 넉넉지, 생각건대, 못지, 섭섭지, 깨끗지, 익숙지**'로 적는다.

> 받침 'ㄱ, ㅅ, ㅂ' 다음에 '지'가 오면 '하'가 완전히 준다.

의미가 바뀐 준말

말이 줄어들면서 발음이나 형태뿐만 아니라 의미가 완전히 바뀌는 경우도 있다. '**점잖다**'는 '젊다'의 옛말인 '점다'에 '-지 아니하다'가 붙어 형성된 말이다. '점다'는 '어리다' 또는 '보기에 제 나이처럼 들어 보이지 않는다'는 뜻이므로 '점지 아니하다'는 '어리지 아니하다'의 뜻으로 쓰였다. 이 말이 줄어들면서 '언행이나 태도가 의젓하고 신중하다'는 뜻으로 쓰이게 되었다.

'**귀찮다**'는 '귀하지 아니하다'가 줄어든 말이므로 '흔하다'와 비슷한 의미로 쓰였으나 '마음에 들지 아니하고 괴롭거나 성가시다'는 뜻으로 쓰이게 되었다.

'**괜찮다**'는 '공연(空然)하지 아니하다'가 줄어든 '괜하지 않다'가 다시 줄어서 '괜찮다'로 바뀐 경우이다. 이 말은 '별로 나쁘지 않다' 또는 '꺼릴 것이 없다'는 뜻으로 쓰인다.

연습하기

1. 맞춤법에 어긋난 표현을 찾아 바르게 고쳐 써 보자.

> 프랑스 극작가 몰리에르가 어느 날 친구들과 인생과 철학을 논하게 되었다. 누군가 "귀찮은 세상을 사느니 차라리 센 강에 몸을 던지는 것이 얼마나 시적(詩的)인가!" 하며 죽음을 찬미하기에 이른다. 좌중에서 함성이 울리고 이럴 게 아니라 당장 센 강으로 달려가자며 걷잡을 수 없이 격동됐다.

2. { } 안에서 옳은 표기를 골라 보자.

① {넉넉지, 넉넉치} 않은 살림
② {섭섭지, 섭섭치} 않게 해 줄게.
③ 아직까지 {익숙지, 익숙치} 않아서 실수를 했어.
④ 그가 {서슴지, 서슴치} 않고 강당으로 걸어 들어갔다.
⑤ 국어 공부의 성과는 영어에 {못지않다, 못치않다}.

도움말

1. 이 말은 '귀하지 아니하다'가 줄어들어 '귀찮다'로 쓰이면서 생겨난 말이다. '성가시고 괴롭다'라는 의미로 쓰인다.
2. ④ '서슴지'는 '서슴다'에 '-지'가 붙은 말이므로 어간의 끝음절 '하'가 줄어든 표현이 아니다.

 1. 귀찮은 → 귀찮은
2. ① 넉넉지 ② 섭섭지 ③ 익숙지 ④ 서슴지 ⑤ 못지않다

참고하기

본말과 준말

본말과 준말은 둘 다 바른 말이 되기도 하고 그렇지 않기도 한다. '그렇지 않은 → **그렇잖은**', '적지 않은 → **적잖은**', '만만하지 않다 → **만만찮다**', '변변하지 않다 → **변변찮다**' 등은 둘 다 바른 말이다.

그러나 모음 'ㅏ, ㅓ'로 끝난 어간에 '-아/-어', '-았-/-었-'이 어울릴 적에는 항상 준 대로만 적는다. (예 가아 → 가, 나아 → 나, 타아 → 타, 서어 → 서, 켜어 → 켜, 펴어 → 펴, 가았다 → 갔다, 나았다 → 났다, 타았다 → 탔다, 서었다 → 섰다, 켜었다 → 켰다, 펴었다 → 폈다)

마무리하기

1. 'ㅏ, ㅗ, ㅜ, ㅣ' 뒤에 '-이어'가 어울려 줄어질 적에는 준 대로 적는다.
   예 싸이어 → 쌔어/싸여, 보이어 → 뵈어/보여, 누이어 → 뉘어/누여, 쓰이어 → 씌어/쓰여

2. 어미 '-지' 뒤에 '않-'이 어울려 '-잖-'이 될 적과 '-하지' 뒤에 '않-'이 어울려 '-찮-'이 될 적에는 준 대로 적는다.
   예 적잖은 / 변변찮은

3. 어간의 끝음절 '하'의 'ㅏ'가 줄고 'ㅎ'이 다음 음절의 첫소리와 어울려 거센소리로 될 적에는 거센소리로 적는다.
   예 간편케, 흔타

4. 어간의 끝음절 '하'가 아주 줄 적에는 준 대로 적는다.
   예 거북지, 넉넉지, 익숙지, 생각건대, 못지, 깨끗지, 섭섭지

5. 말이 줄어들면서 발음이나 형태뿐만 아니라 의미가 완전히 바뀌는 경우도 있다.
   예 점잖다, 귀찮다

 한글 맞춤법 제37항, 제39항

I. 한글 맞춤법

12 '로써'와 '로서'

길잡이
1. 발음이 같거나 비슷하지만 의미는 다른 단어들을 구별할 줄 안다.
2. 발음이 유사해 틀리기 쉬운 단어를 상황에 맞게 사용할 줄 안다.

김 대리: 부장님, 어제 사장님께서 "이것으로 인사를 갈음하겠습니다." 라고 하시던데, 그럼 하시려는 인사가 여러 가지여서 나누시겠다는 말씀이신가요?

부장: 김 대리, '갈음'과 '가름'의 차이를 잘 모르는군요.

미리 보기

✔ '형으로서'로 적는 것이 옳다.

탐구하기

1. '로써'와 '로서'

미리보기에서 살펴보았던 규범과 규정의 대화를 떠올려 보자. 형의 위엄을 보이기 위해 고심해서 쓴 규범의 편지에는 어떤 문제가 있을까?

> 규민아,
>
> 오늘도 어김없이 형의 게임기를 몰래 가져갔더구나. 더 이상 형으로써 너를 가만히 두고 볼 수가 없어. 가만 내버려 두니 너의 행동이 겉잡을 수 없이 커지고 있는 것 같아. 한 번만 더 내 물건에 손대면 형인 내가 널 반듯이 눈물 쏟게 만들겠어!
>
> — 사랑하는 형이

[잘못된 표현]
1.
2.
3.

먼저, '형으로써'의 '로써'가 아닌 '로서'가 바른 표현이다. '**로써**'는 수단을 나타낼 때 쓰이는 반면, '**로서**'는 대상의 자격을 나타낸다. 두 번째로 '겉잡을 수'가 잘못 쓰였다. 바른 표현은 '걷잡을 수'이다. '**걷잡다**'는 '어림 잡아서'의 의미로 사용된다. 마지막으로 '**반듯이**'는 '물건을 반듯이 놓다'와 같은 문맥에 쓰이는 말로 '기필코'의 의미를 가질 때는 '**반드시**'가 맞는 표현이다.

이 세 표현은 모두 단어의 발음이 비슷해서 생기는 표기의 오류이다. 발음은 같지만 의미가 현저히 달라 일상의 언어생활에서 자주 발견되는 표기 오류이다.

2. '가름'과 '갈음'

'가름'과 '갈음', 이 둘은 발음이 같지만 다른 의미로 사용되는 단어들이다.

김 대리: 부장님, 어제 사장님께서 "이것으로 인사를 갈음하겠습니다."라고 하시던데, 그럼 하시려는 인사가 여러 가지여서 나누시겠다는 말씀이신가요?

부장: 김 대리, '갈음'과 '가름'의 차이를 잘 모르는군요.

위 대화에서 김 대리는 인사를 갈음하겠다는 말의 의미를 잘못 이해하고 있다. '가름'과 '갈음'의 의미는 어떻게 다를까?

단어	형성 원리	예시
가름	'가르-'+'-ㅁ'	케이크를 반으로 가름.
갈음	'갈(代替)-'+'-음'	편지로 인사를 갈음한다.

'나누어 따로따로 만들다'는 뜻의 **가르다**의 어간에 명사형 어미를 결합해 만들어진 **가름**과 '무엇을 대체하다'는 뜻의 **갈다**의 어간에 명사형 어미를 결합한 **갈음**은 의미가 다르다. 그러나 둘은 발음이 똑같아서 자주 혼동된다.

일상에서 자주 혼동하는 표현들의 뜻을 생각해 보자.

3. '결재'와 '결제'

그 밖에 발음이 비슷해 일상에서 자주 혼동하는 단어를 찾아 적어 보자.

앉다	자리에 앉아라.	
않다	별로 슬퍼하지 않았다.	
결재(決裁)	부장님께 결재 받아요.	• 상관이 승인하다.
결제(決濟)	현금 결제로 하시겠습니까?	• 대금을 주고받다. 매매 당사자 간의 거래를 끝내다.
개시(開始)	협상을 개시한다.	• 행동이나 일 따위를 시작함.
게시(揭示)	이걸 벽에다 게시하세요.	• 내걸거나 두루 보게 함.
맞다	네 말이 맞다.	• 틀리지 않다.
맡다	전교 회장을 맡다.	• 책임 지고 담당하다.
낳다	딸을 낳았다.	
낫다	네가 동생보다 낫다.	
왠	오늘따라 왠지 멋있어 보인다.	• 왜인지, 어찌된 일인지
웬	이게 웬 날벼락이람. 웬 눈이 이렇게 내리니?	• 관형사 '어찌 된'

'결재-결제', '낳다-낫다', '왠-웬'은 특히 일상에서 많은 사람들이 자주 혼동하는 단어이다.

    1) 이제 카드 결재 좀 줄여야겠어. (×)
  → 이제 카드 결제 좀 줄여야겠어. (○)
    2) 철수가 낳니, 내가 낳니? (×)
  → 철수가 낫니, 내가 낫니? (○)
    3) 왠일이야, 말도 안 돼. (×)
  → 웬일이야, 말도 안 돼. (○)

짝을 이루는 이들 단어는 발음이 유사하므로 문장의 앞뒤 맥락에 유의하며 올바르게 사용할 수 있어야 한다.

웬일
'어찌된 일'이라는 뜻의 명사로 국어사전에 등재되어 있다. 그래서 '웬 일'이라고 띄어 쓰지 않는다.

연습하기

✔ 맞는 것을 선택하고, 선택하지 않은 단어의 의미를 적어 보자.

1. 빌려 준 돈이 다 {①거치면, ②걷히면} 그나마 사정이 좀 나아질 거야.

➡ 선택하지 않은 단어의 의미:

2. 매일 신용카드로 {①결제, ②결재}하니까 카드 대금이 어마어마하네.

➡ 선택하지 않은 단어의 의미:

3. {①하느라고, ②하노라고} 했는데도 이 모양이다.

➡ 선택하지 않은 단어의 의미:

4. 저 사람이 신의 {①게시, ②계시}를 받은 사람이래.

➡ 선택하지 않은 단어의 의미:

도움말

1. ② 걷히면 〈거치다: 무엇에 걸려 스치다. 경유하다.〉
2. ① 결제(決濟) 〈결재(決裁): 상관이 승인하다.〉
3. ② 하노라고 〈하느라고: -하는 일로 인해〉
4. ② 계시(啓示) 〈게시(揭示): 내걸거나 두루 보게 함.〉

참고하기

발음이 같거나 비슷하지만 의미가 다른 단어들

단어	예시	의미
가름	둘로 가름	• '가르-'+'-ㅁ'
갈음	새 책상으로 갈음하다.	• '갈-(代替)'+'-음'
걷잡다	걷잡을 수 없는 상태	• 한 방향으로 치우쳐 흘러가는 형세 따위를 붙들어 잡다(걷어 잡다).
겉잡다	겉잡아 이틀 걸린다.	• 겉으로 보고 대강 짐작하여 헤아리다.
그러므로	그러므로 네가 1등이야.	• 그렇기 때문에
그럼으로	일을 열심히 한다. 그럼으로써 보람을 느낀다.	• 그렇게 함으로써
다리다	옷을 다린다.	• 다리미로 문지르다.
달이다	약을 달인다.	• 끓여서 진하게 하다.
부딪치다	차와 차가 서로 부딪쳤다.	• '부딪다'의 강세어
부딪히다	차가 나무에 부딪혔다.	• '부딪다'의 피동형
안치다	밥을 안쳤다.	• 밥, 떡, 구이, 찌개 따위를 만들기 위하여 그 재료를 솥이나 냄비 따위에 넣고 음식이 되게 하다.
앉히다	의자에 앉혔다.	• '앉다'의 사동형
이따가	이따가 와라.	• 조금 지난 후, 준말 '이따'
있다가	돈은 있다가도 없다.	• '있-'+'다가'(중단형 연결 어미)
조리다	생선을 조린다.	• 어육 등 바짝 끓이다.
졸이다	마음을 졸인다.	• 속을 태우다.
-(으)러	먹으러 간다.	• 동작의 직접 목적
-(으)려	여기 가려 한다.	• 동작의 의도
거치다	대전을 거쳐 왔어요.	• 경유하다
걷히다	외상값이 잘 걷히네요.	• 걷다('거두다'의 준말)의 피동형
노름	그 배우는 노름에 빠져버렸다.	• 돈 따위를 걸고 내기하다.
놀음	즐거운 놀음 한마당	• '놀-[遊]'의 어간+'-음'
아름	선물을 한 아름 가져오다.	• 두 팔 벌려 껴안은 둘레 길이
알음	전부터 알음이 있는 사이입니다.	• 서로 아는 일, 아는 것
앎	앎이 곧 힘이다.	• '아는 일'이란 뜻의 명사('알-'+'-ㅁ(명사 파생 접미사))
하노라고	하노라고 한 것이 이 모양이다.	• 자기 나름으로는 한다고
하느라고	공부하느라고 전혀 안 꾸미고 다녀.	• -하는 일로 인하여

마무리하기

1. 발음이 같거나 비슷하지만 철자와 의미가 다른 단어의 경우, 단어의 구별이 어려워 일상생활에서 잘못 쓰는 경우가 많다.

2. 자주 쓰이는 동음이의어를 익히고 실생활에서 맥락에 맞는 단어를 사용할 수 있어야 한다.
   - 예 그러므로(그렇기 때문에, 이유·원인), 그럼으로(그렇게 함으로써, 수단·방편)
     노름(도박), 놀음(놀이, 유희)
     이따가(조금 후에), 있다가(머물다가)

3. 단어 어근의 의미나 피동, 사동 등의 형태소를 이해하면 표기의 혼란을 줄일 수 있다.
   - 예 걷잡다(걷어잡다, 통제하다), 겉잡다(겉으로 어림잡다)
     부딪히다(피동), 부딪치다(강세)
     앉히다(사동), 안치다(음식을 불 위에 올림)
     걷히다(피동), 거치다(경유)

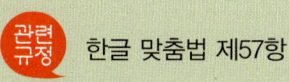 한글 맞춤법 제57항

I. 한글 맞춤법

13 '생각대로'와 '생각한 대로'

길잡이
1. 같은 형태가 의존 명사로 쓰일 때와 조사로 쓰이는 경우를 구분할 줄 안다.
2. 조사는 앞말에 붙여 쓰는 것을 안다.
3. 의존 명사는 앞말과 띄어 쓰는 것을 안다.

미리 보기

노래 하나.
♬♪ **추억은 추억대로** ♬♪
추억은 추억대로 남겨 두고서 못 잊어.
괴로운 그리움까지 이젠 모두 사랑해야지.

노래 둘.
♬♪ **미안해** ♬♪
언제나 넌 날 위해 양보해줬고
내가 원하는 대로 다 따라 줬기에
막상 네게 이별을 말한다는 게
어쩌면 난 죄를 짓는 것만 같았지.

 '대로'가 조사나 의존 명사로 사용되기 때문이다.

탐구하기

1. '생각대로'와 '틈나는 대로'

용언의 관형사형
'읽은, 먹는, 잡을' 등과 같이 어간에 '-은, -는, -을'과 같은 어미가 결합한 형태.

　'**대로**'가 '생각대로'처럼 체언 뒤에 붙어서 '그와 같이'란 뜻을 나타내는 경우는 조사이므로 붙여 쓰지만, '틈나는 대로 떠나라.'와 같이 용언의 관형사형 뒤에서 '대로'가 '그와 같이'란 뜻을 나타내는 경우는 의존 명사이므로 띄어 쓴다.

　다음은 '대로'의 띄어쓰기를 올바르게 하지 못한 예이다. 이들은 용언의 관형사형 뒤에 오는 '대로'로서 의존 명사로 쓰였기 때문에 '뿌린대로'가 아닌 '뿌린∨대로'로, '마음 가는대로'가 아닌 '마음 가는∨대로'로 띄어 써야 한다.

2. '그만큼'과 '공부한 만큼'

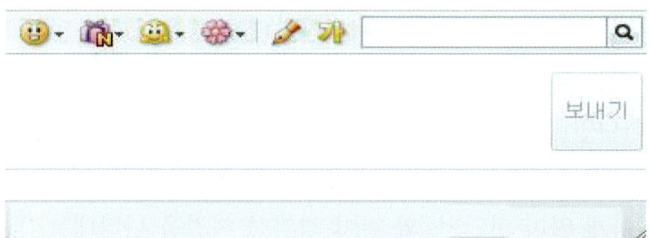

규정: 나 내일이 시험인데 너무 걱정돼.
규범: 힘내! 그동안 열심히 했잖아.
　　　공부한 <u>만큼</u> 좋은 결과 있을 거야.
　　　<u>그만큼</u> 공부했으면 문제없어.
규정: 고마워. 시험 잘 봐서 너에게<u>만큼</u>은 제일
　　　먼저 기쁜 소식 전해 줄게.
규범: 그래, 잘할 거야. 파이팅!

　'공부한 만큼'에서의 '**만큼**'은 의존 명사이므로 앞의 말 '공부한'과 띄어 써야 한다. 하지만 '그만큼', '너에게만큼은'의 '만큼'은 체언이나 조사의 바로 뒤에 붙어 조사로 쓰였으므로 붙여서 쓴다.
　마찬가지로 "코끼리도 고래만큼 오래 살 수 있다.", "키가 전봇대만큼 크다."에서처럼 체언 뒤에 붙어서 '만큼'이 '그런 정도로'라는 뜻을 나타내는 경우는 조사이므로 붙여 쓴다. 그러나 '만큼'이 "볼 만큼 보았다.", "애쓴 만큼 얻는다."에서와 같이 용언의 관형사형 뒤에서 '그런 정도로' 또는 '실컷'이란 뜻을 나타내는 경우는 의존 명사이므로 띄어 쓴다.

3. '녹음만'과 '7년 만에'

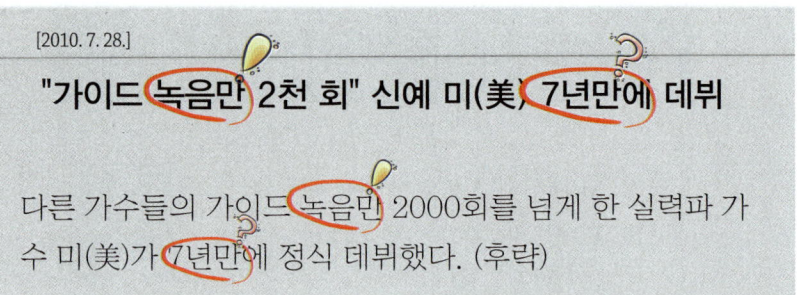

조사는 그 앞말에 붙여 쓴다.
- 예 집에서처럼
  학교에서만이라도
  들어가기는커녕
  나가면서까지도

의존 명사는 앞말과 띄어 쓴다.
- 예 아는 것이 힘이다.
  나도 할 수 있다.
  먹을 만큼 먹어라.
  아는 이를 만났다.
  뜻한 바를 알겠다.

　위의 신문 기사에서는, '**만**'이 조사로 쓰일 때와 의존 명사로 쓰일 때를 구분해서 띄어쓰기를 해야 하지만 모두 앞의 말에 붙여서 사용하였다. '7년 만에 데뷔'에서 '만'은 경과한 시간을 나타내는 경우이므로 앞의 단어와 띄어서 써야 하는 의존 명사이다.

　'만'은 "하나만 알고, 둘은 모른다."처럼 체언에 붙어서 한정의 뜻을 나타내는 경우는 조사이므로 붙여 쓰지만, "십 년 만의 귀국," "그때 이후 삼 년 만이다.", "이게 얼마 만인가."와 같이 경과한 시간을 나타내는 경우는 의존 명사이므로 띄어 쓴다.

　이 밖에도 의존 명사로 쓰이는 '만'은 "그가 화를 낼 만도 하다."와 같이 앞말이 뜻하는 동작이나 행동에 타당한 이유가 있음을 나타내는 말로 쓰이기도 하며, "그가 그러는 것도 이해할 만은 하다."에서처럼 앞말이 뜻하는 동작이나 행동이 가능함을 나타내는 말로도 쓰인다.

연습하기

1. 다음 문장을 바르게 띄어 써 보자.

    (1) 기회있는대로정리하는메모,틈나는대로찾아보는사전.

    (2) 대궐만큼큰집의방안은숨소리가들릴만큼조용했다.

    (3) 하루종일잠만잤더니머리가띵했다.도대체이게얼마만인가.

2. 띄어쓰기를 올바르게 한 문장을 찾아 ○표시를 해 보자.

    (1)
    ▶ 그녀가 웃을만도 하였다. [ ]   ▶ 그녀가 웃을 만도 하였다. [ ]

    (2)
    ▶ 그는 연습만 수십 번 했다. [ ]   ▶ 그는 연습 만 수십 번 했다. [ ]

도움말

조사는 독립성이 없기 때문에 그 앞말에 붙여 쓰며(제41항), 의존 명사는 앞말과 띄어 쓴다(제42항).

1. (1) 기회 있는 대로 정리하는 메모, 틈나는 대로 찾아보는 사전.
   (2) 대궐만큼 큰 집의 방 안은 숨소리가 들릴 만큼 조용했다.
   (3) 하루 종일 잠만 잤더니 머리가 띵했다. 도대체 이게 얼마 만인가.
2. (1) 그녀가 웃을 만도 하였다.
   (2) 그는 연습만 수십 번 했다.

13. '생각대로'와 '생각한 대로'   105

참고하기

같은 형태를 붙여 쓸 경우와 띄어 쓸 경우를 보여 주는 예

(1) 들

'들'이 '남자들, 학생들'처럼 하나의 단어에 결합하여 복수를 나타내는 경우는 접미사로 다루어 붙여 쓰지만, "쌀, 보리, 콩, 조, 기장 들을 오곡(伍穀)이라 한다."와 같이 두 개 이상의 사물을 열거하는 구조에서 '그런 따위'란 뜻을 나타내는 경우는 의존 명사이므로 띄어 쓴다.

(2) 뿐

'뿐'이 '남자뿐이다, 셋뿐이다'처럼 체언 뒤에 붙어서 한정의 뜻을 나타내는 경우는 조사로 다루어 붙여 쓰지만, "웃을 뿐이다.", "만졌을 뿐이다."와 같이 용언의 관형사형 '-을' 뒤에서 '따름'이란 뜻을 나타내는 경우는 의존 명사이므로 띄어 쓴다.

(3) 지

"집이 큰지 작은지 모르겠다."에서처럼 쓰이는 '지'는 어미의 일부이므로 붙여 쓰지만, "그가 떠난 지 보름이 지났다.", "그를 만난 지 한 달이 지났다."와 같이 용언의 관형사형 뒤에서 경과한 시간을 나타내는 경우는 의존 명사이므로 띄어 쓴다.

(4) 차

'차(次)'가 "연수차(研修次) 도미(渡美)한다."처럼 명사 뒤에 붙어서 '……하려고'란 뜻을 나타내는 경우는 접미사로 다루어 붙여 쓰지만, "고향에 갔던 차에 선을 보았다."에서와 같이 용언의 관형사형 뒤에서 '어떤 기회에 겸해서'란 뜻을 나타내는 경우는 의존 명사이므로 띄어 쓴다.

(5) 판

'판'이 '씨름판, 노름판, 웃음판'에서처럼 쓰일 때는 합성어를 이루는 명사이므로 붙여 쓰지만, "바둑 한 판 두자.", "장기를 세 판이나 두었다."에서와 같이 수 관형사 뒤에서 승부를 겨루는 일의 수효를 나타내는 경우는 의존 명사이므로 띄어 쓴다.

마무리하기

1. 조사
→ 독립성 없음. ⇒ 앞말에 붙여 씀.
  예) 꽃<u>이</u>, 꽃<u>마저</u>, 꽃<u>밖에</u>, 꽃<u>이나마</u>, 꽃<u>처럼</u>, 꽃<u>같이</u>
→ 둘 이상 쓰이거나, 어미 뒤에 붙는 경우 ⇒ 붙여 씀.
  예) 꽃<u>에서부터</u>, 작년<u>에까지만도</u>, 학교<u>에서만이라도</u>, 여기서<u>부터입니다</u>,
  너<u>마저도</u>, 나가면서<u>까지도</u>, 들어가기<u>는커녕</u>, 갈게요. "알았다."<u>라고</u>

2. 의존 명사
→ 의미적 독립성 없으나 다른 단어 뒤에 의존하여 명사적 기능을 담당함.
⇒ 하나의 단어로 다루어지며 앞 단어와 띄어 씀.
  예) 틈나는 <u>대로</u>, 공부한 <u>만큼</u>, 온 <u>지</u> 1년 <u>만</u>에 떠났다.
  이 일을 하는 <u>데</u> 며칠이 걸렸다

3.
• '들, 차(次)' 등이 접미사로 사용되는 경우 ⇒ 붙여 씀.
  예) 학생<u>들</u>, 연수<u>차</u> 도미한다.
• '들, 차(次)' 등이 의존 명사로 쓰이는 경우 ⇒ 띄어 씀.
  예) 쌀, 보리, 콩, 조, 기장 <u>들</u>을 오곡이라 한다. 고향에 갔던 차에.

4. '지'가 의존 명사로 쓰일 때 ⇒ 띄어 씀.   예) 만난 <u>지</u> 한 달이 지났다.
어미의 일부일 경우 ⇒ 붙여 씀.   예) 집이 큰<u>지</u> 작은<u>지</u> 모르겠다.

5. '판'이 합성어를 이루는 명사가 된 경우   ⇒ 붙여 씀. 예) 씨름<u>판</u>
수 관형사 뒤에서 의존 명사로 쓰이는 경우   ⇒ 띄어 씀. 예) 바둑 한 <u>판</u>

6. '대로, 만큼, 만'이 조사로 사용되는 경우   ⇒ 붙여 씀.
  예) 법<u>대로</u>, 너<u>만큼</u>, 하나<u>만</u> 알다.
의존 명사로 쓰이는 경우 ⇒ 띄어 씀.
  예) 약속한 <u>대로</u>, 공부한 <u>만큼</u>, 얼마 <u>만</u>인가.

 한글 맞춤법 제41항, 제42항

I. 한글 맞춤법

14 '공부를 하다'와 '공부하다'

길잡이
1. '공부를 하다'와 '공부하다'에서 각각 띄고 붙이는 이유를 안다.
2. 합성어는 붙여 쓰고 구(句)는 띄어 쓰는 이유를 안다.

미리 보기

✓ 단어마다 띄어쓰기를 한다. 단, 조사는 앞말에 붙여 쓴다.

탐구하기

1. '하다'의 띄어쓰기

| 보도하다 & 보도 하다 | 등록일 | 2011. 9. 28. |
| 작성자 ○○○ | 조회 수 | 11 |

'보도 하려는 의도'라는 구절에서 띄어쓰기를 하는 것은 틀린 표현인가요?
반드시 '보도하려는 의도'라고 써야 하나요?
답변 부탁드릴게요.

  우리말에서 '하다'는 다양하게 쓰이고 있다. "공부를 한다.", "김치를 안주로 했다.", "그가 왔다고 한다."에서 '하다'는 동사로서 띄어 쓴다. "옷이 좋기는 한데 가격이 비싸다.", "집도 가깝고 한데 더 놀다 가지 그래."에서 '하다'는 (보조) 형용사로 역시 띄어 쓴다. 이에 비해 **공부하다, 소곤소곤하다, 빨리하다**'에서는 '하-'가 접사이므로 붙여 쓴다.
  질문으로 나온 '보도 하다'에서의 '하-'는 접사이다. 따라서 **보도하다**'로 붙여 써야 한다.

| 불만스러워하다 & 불만스러워 하다 | 등록일 | 2011. 11. 10. |
| 작성자 ○○○ | 조회 수 | 47 |

안녕하세요?
'불만스러워하다'와 '불만스러워 하다', 어느 것이 맞는 표기인가요?
또 '궁금스러워하다'의 올바른 띄어쓰기가 궁금합니다.
'하다'를 붙여 써야 할까요?

  '하다'의 띄어쓰기 용법 중에 어려운 것이 바로 '-어하다'이다. '-어하다'에서 '하다'는 본래 보조 동사인데, '-어하다'로 붙을 때는 언제나 붙여 쓰도록 되어 있다. '좋아하다, 예뻐하다'도 이러한 용법에 따라 붙여 쓴다.
  질문으로 나온 것도 마찬가지이다. '하다'가 보조 동사인데, '-어하다'처럼 붙여 쓰게 되어 있다. 즉 **궁금스러워하다, 불만스러워하다**'가 맞는 띄어쓰기 표현이다.

2. '없다'의 띄어쓰기

(가)

(나)

'-없다'가 붙은 말은 한 단어인지 아니면 두 단어인지 구별하여 적어야 한다. '**끊임없다**'와 같이 '끊임'과 '없다'가 합쳐져 새말을 이룰 경우 한 단어이므로 붙여 쓰며, '**시간 없다**'와 같이 '시간'과 '없다'가 별개의 단어로 쓰일 경우는 띄어 쓴다. '**대화 없다**'도 띄어 쓴다.

일반적으로 합쳐진 요소가 한 단어로 쓰일 때에는 그 단어가 가지고 있는 고유한 의미가 있는 데 비해, 두 단어로 쓰일 때에는 이들 요소마다 개별 의미가 존재한다. '**부질없다, 상없다, 시름없다, 열없다, 하염없다**'와 같은 말들은 한 단어이며 '대화(가) 없다, 친분(이) 없다'와 같은 말들은 두 단어이다.

> 새로운 단어가 형성될 때에는 단어를 이루는 여러 요소들의 경계가 사라지면서 새로운 뜻을 얻거나 말소리가 변화하여 전혀 새로운 말처럼 보일 때도 있다. 예를 들어 '떡국'은 '떡'과 '국'이 합쳐진 말이지만 단어의 경계가 사라지면서 '가래떡을 어슷썰기로 얇게 썰어 맑은 장국에 넣고 끓인 음식', 곧 '설에 먹는 음식'이란 뜻을 얻는다.
>
> 또한 '**점잖다**'와 같은 말은 '점지 아니하다'가 줄어든 말인데 단어의 뜻뿐만 아니라 형태가 완전히 다른 말처럼 보인다.

상없다(常—)
보통의 이치에서 벗어나 막되고 상스럽다.

열없다
1. 좀 겸연쩍고 부끄럽다.
2. 담이 작고 겁이 많다.

어슷썰기
무, 오이, 파 따위를 한쪽으로 비스듬하게 써는 일.

※ 국립국어원(http://korean.go.kr)의 "표준국어대사전" 검색창에서 '*없다'로 검색하면 '없다'로 끝나는 표제어를 모두 찾을 수 있다.

연습하기

1. '하다'의 띄어쓰기가 <u>잘못된</u> 것을 찾아보자.

   ① 거짓말하면 못써.
   ② 열심히하면 성공할 수 있을 거야.
   ③ 포기하지 말고 끝까지 노력하세요.
   ④ 취직 공부 한다고 매일 도서관에 가요.
   ⑤ 아버지는 상을 받은 아들을 자랑스러워했어.

2. '없다'의 띄어쓰기가 <u>잘못된</u> 것을 찾아보자.

   ① 친분 없다   ② 부질없다
   ③ 하염없다   ④ 열없다
   ⑤ 이유없다

3. 맞춤법에 <u>어긋난</u> 표현을 찾아 바르게 고쳐 써 보자.

   ① 노력없이 얻는 것은 아무것도 없다.
   ② 텁텁 한 막걸리 맛에 기분이 상했다.
   ③ 어머니를 잃은 슬픔에 하염 없이 눈물만 흘리고 있었다.

도움말

1. '거짓말하다, 포기하다'는 한 단어이므로 붙여 쓰지만 '열심히 하다'는 한 단어가 아니므로 띄어 쓴다. '취직 공부 하다'는 '취직 공부를 하다' 구성이므로 띄어 쓴다.
2. 한 단어가 아닐 경우는 띄어 쓴다. 따라서 ⑤는 '이유 없다'로 띄어 쓴다.
3. '노력없다'는 한 단어가 아니므로 띄어 쓴다. '텁텁'이라는 어근과 '−하다'라는 접사는 항상 붙여 써야 한다. '하염없이'는 '시름에 싸여 멍하니 이렇다 할 만한 아무 생각이 없이'라는 뜻을 지닌 하나의 단어이므로 '하염'과 '없이'를 붙여 쓴다.

답 1. ②   2. ⑤
3. ① 노력없이 → 노력 없이   ② 텁텁 한 → 텁텁한   ③ 하염 없이 → 하염없이

참고하기

'하다'의 용법

우리말의 '하다'는 그 쓰임새가 매우 넓다. 예를 들어 "철수가 공부를 한다."라고 할 때에는 동사로 쓰이며, "지금 가야 한다."라고 표현할 때에는 보조 동사로 쓰인다. 그뿐만 아니라 수많은 명사 다음에 '하다'가 붙어 새로운 말을 만들어 내기도 하는데 '공부하다, 발전하다, 생각하다' 등이 이에 해당한다.

여기에서 '하다'의 복잡한 성질이 드러난다. 왜냐하면 '공부를 하다'라고 할 때의 '하다'는 동사로 쓰인 셈이다. 그러나 이것을 줄여 '공부하다'라고 할 때에는 한 단어로 굳어진 셈이므로 '-하-'를 파생 접미사로 규정한다.

이처럼 '-하-'를 접미사로 규정하는 이유는 무엇 때문일까? '-하-'가 붙는 말 가운데에는 '공부하다, 일하다'에서처럼 '하다' 앞의 어근이 자립적으로 쓰일 수 있는 어근인 경우도 있지만, '착하다, 딱하다'처럼 '하다' 앞의 어근이 자립적으로 쓰일 수 없는 어근인 경우도 있기 때문이다. 곧 '하다'는 동작성을 띠고 있지만 때로는 상태나 성질만을 나타내기도 한다.

마무리하기

1. '신청하다, 포기하다'에 쓰인 '-하-'는 접미사이며, '신청을 하다, 포기를 하다'에서 쓰인 '하다'는 용언(동사)이다. 전자에서는 붙여 쓰고 후자에서는 띄어 쓴다.

2. '끊임없다, 상없다'는 한 단어이고, '시간 없다, 대화 없다'는 두 단어이다. 한 단어는 붙여 쓰고 두 단어는 띄어 쓴다.

3. 새로운 단어가 형성될 때에는 단어를 이루는 여러 요소들의 경계가 사라지면서 새로운 뜻을 얻거나 말소리가 변화하여 전혀 새로운 말처럼 보일 때도 있다. 이때는 붙여 쓴다.
   예 떡국, 점잖다

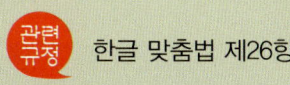
한글 맞춤법 제26항

I. 한글 맞춤법

15 '되어간다'와 '되어만 간다'

길잡이
1. 보조 용언은 본용언과 띄어 쓰는 것이 원칙이고 붙여 쓰는 것이 허용이다.
2. 보조 용언을 반드시 띄어 써야 하는 경우를 안다.

원칙	허용
불이 꺼져 간다.	불이 꺼져간다.
내 힘으로 막아 낸다.	내 힘으로 막아낸다.
어머니를 도와 드린다.	어머니를 도와드린다.
그릇을 깨뜨려 버렸다.	그릇을 깨뜨려버렸다.

미리 보기

✓ 위의 동그라미 속 띄어쓰기는 모두 맞다.

탐구하기

1. '도와 드린다'와 '도와드린다'

ㄱ
불이 꺼져 간다.
내 힘으로 막아 낸다.
어머니를 도와 드린다.
그릇을 깨뜨려 버렸다.

ㄴ
불이 꺼져간다.
내 힘으로 막아낸다.
어머니를 도와드린다.
그릇을 깨뜨려버렸다.

위 표에서 '**가다, 내다, 드리다, 버리다**'는 모두 **보조 용언**이다. 이것들은 화자의 심리적 상태를 나타내는 용언들인데, 앞의 '꺼져, 막아, 도와, 깨뜨려'와 같은 본용언들 뒤에만 온다. 이때 본용언과 보조 용언 모두 각각 단어이기 때문에 'ㄱ'에서처럼 띄어 쓰는 것이 원칙이다.

그렇지만 보조 용언 자체가 독립적으로 사용되는 것이 아니라, 항상 본용언 뒤에서 나타나기 때문에 'ㄴ'에서처럼 본용언과 붙여 쓰는 것도 허용되고 있다.

ㄱ
비가 올 듯하다.
그 일을 할 만하다.
일이 될 법하다.
비가 올 성싶다.
잘 아는 척한다.

ㄴ
비가 올듯하다.
그 일을 할만하다.
일이 될법하다.
비가 올성싶다.
잘 아는척한다.

위 표에서 '**듯하다, 만하다, 법하다, 성싶다, 척하다**'가 모두 보조 용언인데, '올, 할, 될, 올, 아는'과 같은 본용언의 관형사형 뒤에서 나타나고 있다. 역시 본용언과 보조 용언이 각각 단어이기 때문에 'ㄱ'에서처럼 띄어 쓰는 것이 원칙이다. 그러나 이것들도 'ㄴ'에서처럼 붙여 쓰는 것이 허용되어 있다.

본용언(本用言)[−뇽−]
문장의 주체를 주되게 서술하면서 보조 용언의 도움을 받는 용언. '나는 사과를 먹어 버렸다.', '그는 잠을 자고 싶다.'에서 '먹다', '자다' 따위이다.

보조 용언(補助用言)
본용언과 연결되어 그것의 뜻을 보충하는 역할을 하는 용언. 보조 동사, 보조 형용사가 있다. '가지고 싶다'의 '싶다', '먹어 보다'의 '보다' 따위이다.

본용언과 보조 용언 구별의 한 방법
'−아/어' 뒤에 본용언이 오면 '서'가 그 뒤에 들어갈 수 있고, 보조 용언이 오면 '서'가 들어갈 수 없다.
예) 먹어 보다
　　먹어서 보다

2. 되어만간다? 되어만 간다!

보조 용언은 본용언과 띄어 써도 되고 붙여 써도 되기는 하지만, 반드시 띄어 써야 하는 몇몇 경우가 있다.

일이 잘 되어<u>만</u> 간다.   되어만간다.(×)
잘도 놀아<u>만</u> 나는구나!   놀아만나는구나!(×)
책을 읽어<u>도</u> 보았다.   읽어도보았다.(×)

네가 <u>덤벼들어</u> 보아라.   덤벼들어보아라(×)
강물에 <u>떠내려가</u> 버렸다.   떠내려가버렸다(×)

위에서 보듯이 본용언 '되어, 놀아, 읽어' 뒤에 '만, 도' 같은 조사가 오면 보조 용언 '가다, 나다, 보다'를 반드시 띄어 써야 한다. 또한 '덤벼들다, 떠내려가다'와 같은 합성 용언이 보조 용언 앞에 오게 되면 반드시 띄어 써야 한다.

잘난 체를 한다.   잘난 체를한다.(×)
그가 올 듯도 하다.   그가 올 듯도하다.(×)

또 '**체하다, 듯하다**' 같은 보조 용언에서 의존 명사 '체, 듯' 뒤에 '를, 도' 같은 조사를 넣으면 뒤의 '하다'를 반드시 띄어 써야 한다. 이것은 조사가 들어감으로 해서 하나의 단어가 여러 개로 나뉘게 되기 때문이다.

한편, 아래와 같이 보조 용언이 거듭되어 나타나는 경우에는 앞의 보조 용언만을 붙여 쓸 수 있다. 본용언 '읽다' 뒤에 보조 용언 '보다'와 '만하다'가 이어 나올 때, '읽어보다'만 붙여 쓸 수 있다.

읽어 볼 만하다(○) → 읽어볼 만하다 → 읽어볼만하다(×)
도와 줄 법하다(○) → 도와줄 법하다 → 도와줄법하다(×)

보조 용언의 겹침

기억해 둘 만하다(○)
기억해둘 만하다(○)
기억해 둘만하다(×)
기억해둘만하다(×)

되어 가는 듯하다(○)
되어가는 듯하다(○)
되어 가는듯하다(×)
되어가는듯하다(×)

연습하기

✓ 보조 용언의 띄어쓰기가 맞는 것을 고르라.

1. 너의 모든 것을 걸고 이번 일에 {①덤벼들어보아라, ②덤벼들어 보아라}.

2. 어떻게 되었든 우선 {①물고 늘어져 본다, ②물고 늘어져본다, ③물고늘어져 본다}.

3. 엄마 품으로 {①파고들어본다, ②파고들어 본다}.

4. 간절히 원하면 그가 당신을 {①도와줄 법하다, ②도와 줄법하다}.

5. 일이 잘 {①되어가는 듯해, ②되어가는듯해, ③되어 가는 듯해}.

도움말

보조 용언[(1) '-아/-어' 뒤에 연결되는 보조 용언, (2) 의존 명사(듯, 만, 법, 척, 성)에 '-하다'나 '-싶다'가 붙어서 된 보조 용언]은 띄어 씀을 원칙으로 하되, 경우에 따라 붙여 씀도 허용한다. 다만, 의존 명사 뒤에 조사가 붙거나, 앞 단어가 합성 동사인 경우는 길어지는 것을 피하기 위하여 보조 용언을 띄어 쓴다. 한편, '-어지다'는 관습상 항상 붙여 쓴다.

답 1. ②덤벼들어 보아라   2. ①물고 늘어져 본다   3. ②파고들어 본다
     4. ①도와줄 법하다   5. ①되어가는 듯해, ③되어 가는 듯해

참고하기

한글 맞춤법 제47항에서 말하는 **보조 용언**은 '-아/어'로 이어진 경우와 의존 명사 뒤에 '하다, 싶다'가 오는 경우를 가리킨다. 몇몇 용례를 더 들어보자.

보조용언	원칙	허용
가다(진행)	늙어 간다, 되어 간다	늙어간다, 되어간다
가지다(보유)	알아 가지고 간다	알아가지고 간다
나다(종결)	겪어 났다, 견뎌 났다	겪어났다, 견뎌났다
내다(종결)	이겨 낸다, 참아 냈다	이겨낸다, 참아냈다
놓다(보유)	열어 놓다, 적어 놓다	열어놓다, 적어놓다
대다(강세)	떠들어 댄다	떠들어댄다
두다(보유)	알아 둔다, 기억해 둔다	알아둔다, 기억해둔다
드리다(봉사)	읽어 드린다	읽어드린다
버리다(종결)	놓쳐 버렸다	놓쳐버렸다
보다(시행)	뛰어 본다, 써 본다	뛰어본다, 써본다
쌓다(강세)	울어 쌓는다	울어쌓는다
오다(진행)	참아 온다, 견뎌 온다	참아온다, 견뎌온다
지다(피동)	이루어진다, 써진다, 예뻐진다	
양하다	학자인 양한다	학자인양한다
체하다	모르는 체한다	모르는체한다
듯싶다	올 듯싶다	올듯싶다
뻔하다	놓칠 뻔하였다	놓칠뻔하였다

마무리하기

1.
보조 용언 ⇒ 띄어 쏨.
(원칙) / 경우에 따라 붙여 쏨.(허용)
예 밥을 먹어 보다. /
밥을 먹어보다.
비가 올 성싶다. /
비가 올성싶다.

2.
앞말이 합성 동사인 경우 그 뒤에 오는 보조 용언 ⇒ 띄어 쏨.
예 떠내려가 버렸다.
덤벼들어 보아라.

3.
앞말에 조사가 붙는 경우 그 뒤에 오는 보조 용언 ⇒ 띄어 쏨.
예 먹어도 보고, (잘도) 놀아만 나는구나.

4.
중간에 조사가 들어갈 때, 그 뒤에 오는 보조 용언 ⇒ 띄어 쏨.
예 갈 듯도 하다.
잘난 체를 한다.

 한글 맞춤법 제47항

I. 한글 맞춤법

16 '남궁민'과 '남궁 민'

길잡이
1. 띄어쓰기에서 허용 규정을 두는 이유를 안다.
2. 언어생활에서 띄어쓰기 허용 규정의 효과를 이해한다.

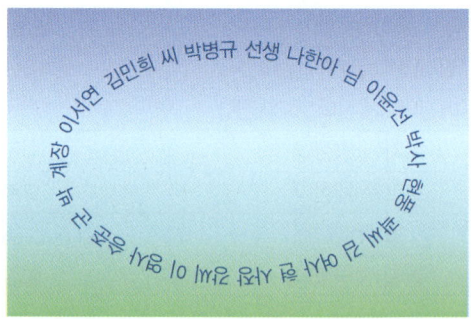

2010. 12. 6. ○○NEWS

보건복지부는 백혈병 어린이를 후원하는 단체가 저금통 성금을 횡령해 온 사실이 적발돼 종합 감사를 실시한다고 밝혔습니다.
한국백혈병소아암협회는 내부 감사를 통해 직원 네 명이 지난 2005년에서 2007년 사이 경기와 인천 초·중·고교에서 모금한 '사랑의 동전 모으기' 성금 2억 4천여만 원 중 4백 32만 원을 횡령한 사실을 적발했습니다.
당시 문제가 됐던 직원들은 모두 사직했습니다.

미리 보기

남궁민: 어서 오게, 오늘이 첫 근무라고 들었네. 내가 이 회사 사장 남궁 민이네.
황보영: 네, 안녕하십니까? 남궁 민 사장님.
　　　　사장님 명성은 익히 들어 잘 알고 있습니다.
　　　　오늘부터 이 회사에서 일하게 된 황보 영 비서실장입니다.
남궁민: 황보 영? 오, 자네도 두 글자 성을 쓰는가? 나도 그렇다네. 하하하……
　　　　어쨌든 잘 적응해서 열심히 일해 주었으면 하네.
황보영: 네, 열심히 하겠습니다.
　　　　참, 오늘 오후 세 시 사십분에 중요한 미팅이 있다고 들었습니다.
남궁민: 아, 그렇지, 이십 일간 준비해 온 사업 발표회가 있네.
　　　　계약금 팔십칠억 오천오백만 원과 계약서 바로 준비해 주게.

✔ 성과 이름은 붙여 쓰는 것이 원칙이되, 구분할 필요가 있을 때는 띄어 쓸 수 있다.
　시간이나 날짜를 적을 때 수와 단위를 나타내는 말은 띄어 쓴다.

탐구하기

1. 성과 이름의 띄어쓰기

김민희 씨   박병규 선생
나한아 님   이윤선 박사
현풍 곽씨   김 여사
현 사장   강 씨
이 부장   승준 군
박 계장

원칙	허용
성과 이름, 성과 호 등은 붙여 쓰고 이에 덧붙는 호칭어, 관직명 등은 띄어 쓴다. 예) 김양수, 서화담, 이퇴계, 채영신 씨, 최치원 선생	다만, 성과 이름, 성과 호를 분명히 구분할 필요가 있을 경우에는 띄어 쓸 수 있다.

다만 남궁민, 황보영, 독고재, 선우휘 등과 같은 경우 성과 이름의 경계가 혼동될 염려가 있으므로, 성과 이름을 분명하게 밝히기 위해 띄어 쓸 수 있도록 하였다. 남씨와 남궁씨, 황씨와 황보씨, 선씨와 선우씨, 사씨와 사공씨, 동씨와 동방씨 등은 성과 이름의 첫 글자 간의 경계가 불분명하여 혼동할 소지가 있기 때문이다.

> 남궁민/남궁 민, 황보영/황보 영, 독고재/독고 재, 선우휘/선우 휘

한편, 호칭어나 관직명은 고유 명사와 별개의 단위이므로 띄어 쓴다. 호(號)나 자(字) 등이 성명 앞에 놓이는 경우에도 띄어 쓴다.

> 박동식 박사,   김민아 선생,   김지윤 장관,
> 도산 안창호,   율곡 이이,   충무공 이순신 장군,
> 김 선생님,   최 사장,   박 과장

'씨'는 특정한 개인을 가리킬 때는 띄어 쓰며, 일반적인 성씨 전체를 가리킬 때는 붙여 쓴다.

아라비아 숫자 뒤에 붙는 의존 명사는 모두 붙여 쓸 수 있다.
예) 50원, 100그램, 3년 6개월 20일간

'동안'의 뜻을 더하는 접미사 '-간(間)'은 앞말에 붙여 쓴다.
예) 이틀간, 한 달간, 삼십 일간, 20일간

2. 수를 적을 때 띄어쓰기

> 2010. 12. 6. ○○신문
>
> 보건복지부는 백혈병 어린이를 후원하는 단체가 저금통 성금을 횡령해 온 사실이 적발돼 종합 감사를 실시한다고 밝혔습니다.
> 한국백혈병소아암협회는 내부 감사를 통해 직원 네 명이 지난 2005년에서 2007년 사이 경기와 인천 초·중·고교에서 모금한 '사랑의 동전 모으기' 성금 2억 4천여만 원 중 4백 32만 원을 횡령한 사실을 적발했습니다.
> 당시 문제가 됐던 직원들은 모두 사직했습니다.

위의 기사문을 자료로 하여 수를 적을 때의 띄어쓰기 단위는 어떻게 하는 것이 맞는지 생각해 보자.

예전에는 수를 적을 때에 **십진법**(十進法)에 따라 띄어 썼는데 1988년 한글 맞춤법을 개정할 당시 '**만**' 단위로 띄어 쓰도록 개정하였다. 따라서 '만, 억, 조' 단위로 띄어 쓴다.

아라비아 숫자로 금액을 표기할 때에 쉼표를 찍는 것처럼 세 자리 단위로 띄어 '십 이억삼천사백 오십육만칠천 육백구십팔(1,234,567,698)'과 같이 적는 방법도 있겠지만, 같은 단위에 속하는 수들에서 '십'과 '이억', '사백'과 '오십육만'이 떨어지는 등 불합리한 점이 있으므로 '만, 억, 조, ……' 단위로 띄어쓰기로 한 것이다.

삼천이백사십삼조 칠천팔백십칠억 팔천구백이십칠만 육천삼백오십사
3243조 7817억 8927만 6354

십진법에 의하여 띄어 쓰면 합리적이기는 하지만, 너무 작게 갈라놓아 오히려 의미 파악에 지장을 줄 수 있다.

단위를 나타내는 명사는 띄어서 쓰되, 다만 순서를 나타내는 경우나 숫자와 어울려 쓰는 경우에는 붙여 쓸 수 있다.
예 차 한 대
두시 삼십분 오초
오십 원/50원

한편 순서를 나타내는 경우, 띄어 쓰는 것이 원칙이지만 붙여 쓸 수도 있다. 아래 예에서 화살표 왼쪽 것이 원칙에 따른 띄어쓰기이고 오른쪽 것이 허용에 따른 띄어쓰기이다.

- 두 시 삼십 분 오 초 –〉 두시 삼십분 오초
- 제 일 과 –〉 제일과
- 삼 학년 –〉 삼학년
- 육 층 –〉 육층

그리고 아라비아 숫자와 어울리어 쓰는 경우에도 붙여 쓸 수 있다.

- 1446 년 10월 9 일 –〉 1446년 10월 9일
- 2 대대 –〉 2대대
- 16 동 502 호 –〉 16동 502호
- 제1 실습실 –〉 제1실습실
- 80 원 –〉 80원
- 10 개 –〉 10개
- 7 미터 –〉 7미터

다만, 수효를 나타내는 '(개)년, 개월, 일(간), 시간' 등은 붙여 쓰지 않는다.

삼 (개)년 육 개월(○)   삼(개)년 육개월(×)
이십 일(간) 체류하였다.(○)   이십일(간) 체류하였다.(×)

연월일, 시각 등도 붙여 쓸 수 있다.
예
- 일천구백팔십팔년 오월 이십일
- 여덟시 오십구분

연습하기

1. ⬭로 표시된 아라비아 숫자를 한글로 고쳐 바르게 적어 보자.

> [○○일보 2010. 4. 23.]
>
> ## 100달러 지폐
>
> 2008년 11월 부산에서 미화 100달러짜리 위조지폐, 이른바 '슈퍼노트' 9904장을 유통시키려던 일당 4명이 경찰에 붙잡혔다. (중략)
> ▶ 미국은 슈퍼노트의 가장 유력한 출처로 오래 전부터 북한을 지목해왔다. 평안남도 평성에 있는 평성상표 인쇄 공장에서 위폐를 찍어내고 있다는 것을 비롯해 상당히 구체적인 탈북자들의 증언도 있다. 북한에서 흘러나온 것으로 의심되는 슈퍼노트가 세계적으로 적어도 4500만 달러가 유통되고 있고, 북한이 매년 1500만~2500만 달러의 슈퍼노트를 찍고 있다는 추정도 있다. 그러나 아직까지 확실한 물증은 나오지 않은 상태다. (후략)

(1) 4500만 달러 → _____

(2) 1500만~2500만 달러 → _____

2. 띄어쓰기가 올바른 것을 골라 ◯ 표시를 해 보자.

(1) ▸ 김규정 인사부장 ☐   ▸ 김규정인사부장 ☐

(2) ▸ 박규범총장 ☐   ▸ 박규범 총장 ☐

(3) ▸ 백범 김구 선생 ☐   ▸ 백범 김구선생 ☐

◯ 도움말

1. 수를 적을 적에는 '만(萬)' 단위로 띄어 쓴다(제44항).
2. 호칭어나 관직명은 고유 명사와 별개의 단위이므로 띄어 쓰며 호나 자 등이 성명 앞에 놓이는 경우에도 띄어 쓴다.

   답 1. (1) 사천오백만 달러   (2) 일천오백만 내지 이천오백만 달러
         2. (1) 김규정 인사부장   (2) 박규범 총장   (3) 백범 김구 선생

참고하기

한글 맞춤법과 표준어 규정의 역사

우리말을 올바로 표기하거나 발음하는 방법은 국어의 어문 규정 속에 나와 있다. 현행 국어의 공식적인 어문 규정은 다음과 같이 네 가지라 할 수 있다.

1986	외래어 표기법
1988	한글 맞춤법
1988	표준어 규정
2000	국어의 로마자 표기법

한글 맞춤법은 우리말을 적는 방법을 제시한 규정이다. 1933년에 민간 학술 단체인 조선어학회에서 '한글 마춤법 통일안' 규정을 마련하였는데 이 안은 1940년에 '한글 맞춤법 통일안'으로 명칭이 바뀌었다. 이는 국가 차원의 공식적인 맞춤법 규정인 **한글 맞춤법**(1988년)에 반영되어 현재까지 효력을 지니고 있다.

표준어 규정은 공식어로서의 표준어를 제정한 규정이다. 현행 **표준어 규정**은 1936년에 조선어학회에서 사정하여 공포한 '조선어 표준어 모음'을 크게 보완하고 합리화하여 1988년 1월에 문교부가 고시하였다. 1933년과 1988년의 '표준어'에 대한 정의를 비교·대조해 보면 다음과 같다.

1933년 제정된 '한글 마춤법 통일안' 규정	1988년 제정된 현행 표준어 규정
"표준말은 대체로 현재 중류 사회에서 쓰는 서울말로 한다"	"표준어는 교양 있는 사람들이 두루 쓰는 현대 서울말로 정함을 원칙으로 한다"

현재의 표준어 규정은 다음과 같은 요소가 반영된 결과라 할 수 있다.

'현대'	시대적 기준
'서울말'	지역적 기준
'교양 있는'	문화적 기준
'두루 쓰는'	사용 범위상의 기준

마무리하기

1. 수 적기 ⇒ 만(萬) 단위로 띄어 씀.
  예) 이천오백육십사조 삼천구백팔십사억 칠천칠백삼십구만 칠천이백오십삼
      2564조 3984억 7739만 7253

2. 성과 이름, 성과 호 ⇒ 붙여 씀.
  예) 김양수, 서화담, 이퇴계.
  이에 덧붙는 호칭어, 관직명 ⇒ 띄어 씀.
  예) 채영신 씨, 이철수 선생님, 김지윤 장관 / 김 선생님, 최 과장, 이 대리

3. 다만, 성과 이름, 성과 호를 분명히 구분할 필요가 있을 경우
  ⇒ 띄어 쓸 수 있음.
  예) 남궁억/남궁 억, 사공일/사공 일, 선우휘/선우 휘, 황보영/황보 영

4. 성명 또는 성이나 이름 뒤에 붙는 호칭어나 관직명
  → 고유 명사와 별개의 단위 ⇒ 띄어 씀.
  예) 박동식 박사, 김민아 과장, 이민호 대령
  호나 자 등이 성명 앞에 놓이는 경우 ⇒ 띄어 씀.
  예) 도산 안창호, 율곡 이이, 충무공 이순신 장군

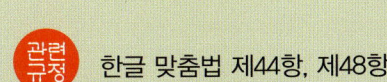
한글 맞춤법 제44항, 제48항

I. 한글 맞춤법

17

'한국 대학교'와 '한국대학교'

길잡이
1. 고유 명사의 띄어쓰기를 정확히 알 수 있다.
2. 전문 용어의 띄어쓰기를 바르게 할 수 있다.

○○ 대학교 사범 대학 부속 고등학교

○○대학교 사범대학 부속고등학교

미리 보기

✔ 성명 이외의 고유 명사는 단어별로 띄어 쓰는 것이 원칙이나 단위별로 붙여 쓰는 것을 허용한다.

탐구하기

1. 고유 명사의 띄어쓰기

> ○○ 대학교 사범 대학 부속 고등학교
>
> ○○대학교 사범대학 부속고등학교

'○○ 대학교 사범 대학'은 단어별로 띄어 씀을 원칙으로 하되, 단위별로 띄어 쓰는 것이 허용되어 '○○대학교 사범대학'으로도 쓸 수 있다.

즉, 다음과 같이 원칙과 허용을 둔다는 것이다.

원칙	허용
대한 중학교	대한중학교
한국 대학교 사범 대학	한국대학교 사범대학

여기서 말하는 '**단위**'란, 그 고유 명사로 일컬어지는 대상물의 구성 단위를 뜻한다. 다시 말하면 어떤 체계를 가지는 구조물에서, 각각 하나의 독립적인 지시 대상물로서 파악되는 것을 이른다.

예컨대 '○○ 대학교 인문 대학 국어 국문학과'는 '○○ 대학교 / 인문 대학 / 국어 국문학과'의 세 개 단위로 나누어지고, '○○ 은행 재동 지점 대부계'는 '○○ 은행 / 재동 지점 / 대부계'의 세 개 단위로 나누어진다. 그래서 '○○대학교 인문대학 국어국문학과', '○○은행 재동지점 대부계'로 단위별 띄어쓰기를 할 수 있다.

2. 전문 용어의 띄어쓰기

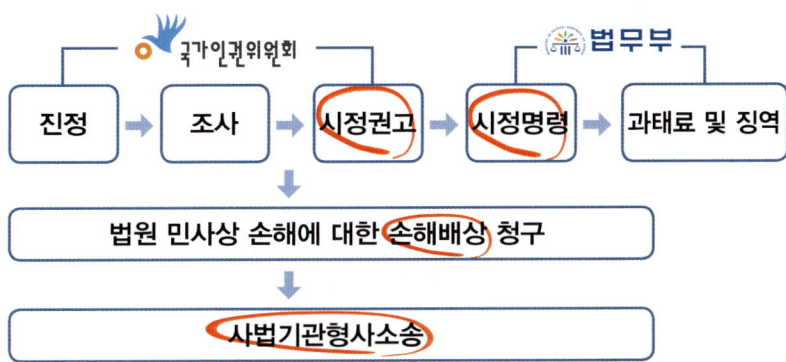

전문 용어는 단어별로 띄어 씀을 원칙으로 하되, 아래와 같이 붙여 쓸 수 있다.

원칙	허용
만성 골수성 백혈병	만성골수성백혈병

전문 용어란 특정 학술 용어나 기술 용어를 말하는데, 대개 둘 이상의 단어가 결합하여 하나의 의미 단위에 대응하는 말이다. 따라서 전문 용어는 의미 파악이 쉽도록 하기 위해 띄어 쓰는 것을 원칙으로 하고, 편의상 붙여 쓸 수 있도록 하였다.

한편, 두 개 이상의 전문 용어가 접속 조사로 이어질 때는 전문 용어 단위로 붙여 쓸 수 있다. 그 예로 '밭다리감아돌리기와 등쳐감아돌리기', '차돌리기와 무릎대어돌리기와 팔잡아돌리기' 등을 들 수 있다.

연습하기

✓ 원칙에 따른 띄어쓰기에는 ○표를, 허용에 따른 띄어쓰기에는 △표를, 둘 다 허용되지 않는 것에는 X표를 해 보자.

(1) ▸ 중거리 탄도 유도탄 　　　　▸ 중거리탄도유도탄

(2) ▸ 만국 음성 기호 　　　　▸ 만국음성기호

(3) ▸ 지구 중심설 　　　　▸ 지구중심설

(4) ▸ 무한책임사원 　　　　▸ 무한 책임 사원

(5) ▸ 모음조화 　　　　▸ 모음 조화

(6) ▸ 급성 복막염 　　　　▸ 급성복막염

(7) ▸ 밭다리 감아 돌리기와 등쳐 감아 돌리기 　　　　▸ 밭다리감아돌리기와 등쳐감아돌리기

◯ 도움말

성명 이외의 고유 명사는 단어별로 띄어 씀을 원칙으로 하되, 단위별로 띄어 쓸 수 있다(제49항). 전문 용어는 단어별로 띄어 씀을 원칙으로 하되, 붙여 쓸 수 있다(제50항). 또한 두 개 이상의 전문 용어가 접속 조사로 이어지는 경우 전문 용어 단위로 붙여 쓸 수 있다.

(1)	중거리 탄도 유도탄	○	중거리탄도유도탄	△
(2)	만국 음성 기호	○	만국음성기호	△
(3)	지구 중심설	○	지구중심설	△
(4)	무한책임사원	△	무한 책임 사원	○
(5)	모음조화	△	모음 조화	○
(6)	급성 복막염	○	급성복막염	△
(7)	밭다리 감아 돌리기와 등쳐 감아 돌리기	○	밭다리감아돌리기와 등쳐감아돌리기	△

참고하기

고유 명사의 띄어쓰기

부설(附設), **부속**(附屬), **직속**(直屬), **산하**(傘下) 따위는 고유 명사로 일컬어지는 대상물이 아니라, 그 대상물의 존재 관계(형식)를 나타내는 말이므로, 원칙적으로 앞뒤의 말과 띄어 쓴다.

　　원칙: 학술원 부설 국어 연구소, ○○ 대학교 사범 대학 부설 유치원,
　　　　　○○ 초등학교 병설 유치원
　　허용: 학술원 부설 국어연구소, ○○대학교 사범대학 부설 유치원,
　　　　　○○초등학교 병설 유치원

　　원칙: 대통령 직속 국가 안전 보장 회의
　　허용: 대통령 직속 국가안전보장회의

> **다만** '부속 학교, 부속 초등학교, 부속중학교, 부속 고등학교' 등은 교육학 연구나 교원 양상을 위하여 교육 대학이나 사범 대학에 부속시켜 설치한 학교를 이르므로, 하나의 단위로 다루어 붙여 쓸 수 있다.

　　원칙: 한국 대학교 사범 대학 부속 고등 학교
　　허용: 한국대학교 사범대학 부속고등학교

마무리하기

1. 성명 이외의 고유 명사
　⇒ 단어별로 띄어 씀.(원칙) 예 대한 중학교, 한국 대학교 사범 대학
　⇒ 단위별로 붙여 씀.(허용) 예 대한중학교, 한국대학교 사범대학

2. 전문 용어
　⇒ 단어별로 띄어 씀.(원칙) / 붙여 씀.(허용)
　　예 만성 골수성 백혈병(원칙) / 만성골수성백혈병(허용)

3. 두 개 이상의 전문 용어가 접속 조사로 이어지는 경우
　⇒ 전문 용어 단위로 붙여 쓸 수 있음.
　　예 밭다리 감아 돌리기와 등쳐 감아 돌리기(원칙)
　　　 밭다리감아돌리기와 등쳐감아돌리기(허용)

 한글 맞춤법 제49항, 제50항

II. 표준어 규정

1. '두루' 쓰는 '현대' 말
2. '수놈'과 '수캐'
3. '오얏'의 현대어는 '자두'
4. 개다리밥상? 개다리소반!
5. 표준어의 실제 발음
6. '난로'와 '횡단로'의 발음
7. '김밥'과 '비빔밥'의 발음
8. 사이시옷은 소리를 내야 하나?

1. '두루' 쓰는 '현대' 말

길잡이
1. 원활한 의사소통을 위해 표준어가 필요함을 알고 표준어를 바르게 쓸 수 있다.
2. 표준어를 사정하는 원칙을 이해한다.

미리 보기

서울 할머니가 경상도 시골로 이사를 했는데 근처에 사돈의 집이 있었다. 그래서 인사차 놀러갔는데 시골집이라 아주 좁았다

서울 할머니: "집이 아담하네요."
경상도 사돈: "소잡아도 개잡아서 좋지예."
서울 할머니: "아유, 뭐하러 소를 잡고 거기다 개까지 잡고 그러세요."
경상도 사돈: "예? 누가 소 잡고, 개를 잡았다꼬예?"
서울 할머니: "방금 사돈이 소 잡고 개 잡았다고 하시고선."
경상도 사돈: "아이고 어데예. 집이 소잡아도 길이 개잡다꼬 했는기라예"
서울 할머니: "뭐라고요? 집이 소를 잡고 길이 개를 잡아요?"

—내가 갱상돈데도 어렵데이. http://cafe.daum.net/kimje20에서

[참고]
소잡아도: '비좁아도'. '솔다'(공간이 좁다)와 '잡다'(좁다)가 합쳐진 '솔잡다'에서 'ㄹ'이 탈락된 말.
개잡아서: '가깝다'의 경상 방언. '개작다', '개찹다', '가찹다' 등의 형태로도 쓰임.

 표준어는 원활한 의사소통을 위해 필요하다.

탐구하기

1. 표준어를 정하는 이유

> "이번이 서울 첨이지?" 하매, 그는 서울 바람 좀 한 번 쐬었다고 큰 체를 하며 팔로 아내의 머리를 흔들어 물어보았다. 성미가 워낙 겁겁한지라 지금부터 서울 갈 준비를 착착 하고 싶었다. 그가 제일 걱정되는 것은 시골구석에서 자란 아내를 데리고 가면 서울 사람에게 놀림도 받을 게고 거리끼는 일이 많을 듯 싶었다. 그래서 서울 가면 꼭 지켜야 할 필수 조건을 아내에게 일일이 설명하지 않을 수 없었다.
> 첫째 사투리에 대한 주의부터 시작되었다. 농민이 서울 사람에게 '꼬라리'라는 별명으로 감잡히는 그 이유는 무엇보다도 사투리에 있을지니 사투리를 쓰지 말며 '합세'를 '하십니까'로, '하게유'를 '하오'로 고치되 말끝을 들지 말 것이라, 또 거리에서 어릿어릿하게 하는 것은 내가 시골뜨기요 하는 얼뜬 짓이니 갈 길은 재게 가고 볼 눈은 또릿또릿하게 볼 것이라. -하는 것들이었다. 아내는 그 끔찍한 설교를 들으며 '네, 네' 하는 것이었다.
>
> — 김유정, '소낙비'에서

표준어를 정하는 이유는 원활한 의사소통을 위해서이다. 우리나라의 표준어 사정(查定) 원칙은 '교양 있는 사람들이 두루 쓰는 현대 서울말로 정함'을 원칙으로 하였다.

표준어 사용은 기준이 되는 언어를 사용하는 것이며, 이는 곧 표준어가 '준거의 기능'을 수행한다고 볼 수 있다.

위 소설에서 이 장면은 서울로 이사를 갈 꿈을 꾸는 남편이 아내에게 말 주의를 시키는 장면이다. 아내에게 주의를 주는 말이 말투에 있음을 고려할 때 표준이 되는 말은 어휘뿐만 아니라 말소리나 어법 모두가 해당됨을 알 수 있다.

겁겁하다(劫劫—)
성미가 급하고 참을성이 없다.

감잡히다
남과 시비를 다툴 때, 약점을 잡히다.

얼뜨다
다부지지 못하여 어수룩하고 얼빠진 데가 있다.

재다
동작이 빠르다.

준거(準據) = 표준

2. 원활한 의사소통을 위한 방법

 '짤방'은 '짤림 방지'의 줄임말로 동영상이나 사진을 올리는 게시판에 글만을 올렸을 때 운영자에게 삭제당하는 것을 막기 위해 내용과 상관없는 사진을 올리는 것을 가리키는 신조어이다. 위에서 살펴본 대화에서 십 대인 아들이 사용하는 이 말을 엄마는 이해하지 못하고 있다.
 이처럼 인터넷 통신 공간에서 쓰는 말 가운데는 일반인이 이해하기 어려운 말이 상당히 많다. 이러한 말들은 읽는 이들의 흥미를 끌거나 사용하는 집단의 결속을 확인하는 기능을 한다. 이러한 순기능이 있는 반면에 개인 또는 일부 집단만이 사용하는 언어는 사회 전체의 의사소통에 장애가 되기도 한다.
 국어의 규범을 정하고 표준어를 사정하는 이유 가운데 하나는 원활한 의사소통 때문이다. 인터넷에서 만들어 사용되는 언어와 같이, 일부 집단의 언어가 표준어로 받아들여지지 않는 이유는 언어 공동체 구성원 전체가 이러한 말들을 이해할 수 없기 때문이다.

연습하기

1. 아래 표현을 통해서 표준어의 필요성을 말해 보고, 특히 명사의 강연 표현을 표준어로 고쳐 보자.

2. 표준어인 것을 고르라.

   (1) 싱싱한 {멍게, 우렁쉥이}는 껍질의 색이 붉고 단단하다.
   (2) {물방개, 선두리}는 장수풍뎅이 등과 같은 딱정벌레의 한 무리이다.
   (3) 최근 소비자들의 신선한 채소 요구에 따른 수요 증가로 볼 때 {애순, 어린순}의 소비는 크게 늘어날 것으로 보인다.

도움말

1. • 명사의 강연을 아이들이 이해하지 못하고 있다. 이는 강연자가 지나친 개인어와 사투리를 쓰고 있기 때문이다. 강연 등 공적 자리에서는 표준어를 사용하는 것이 적합하다.
   • 우리 아들이 힘들게 학원에만 다녀서 되겠습니까? 저희 학교 다닐 적에는…….

2. 방언이던 '멍게, 물방개, 애순(-筍)'이 널리 쓰이게 되어 표준어로 되었다.
   원래 표준어였던 '우렁쉥이, 선두리, 어린순'도 표준어이다.
   (1) 멍게, 우렁쉥이   (2) 물방개, 선두리   (3) 애순, 어린순

참고하기

〈표준어 규정 제1항〉

"표준어는 교양 있는 사람들이 두루 쓰는 현대 서울말로 정함을 원칙으로 한다."

이것은 표준어 사정(査定)의 원칙이다. 조선어 학회가 1933년 '한글 맞춤법 통일안' 총론 제2항에서 정한 "표준말은 대체로 현재 중류 사회에서 쓰는 서울말로 한다."가 이렇게 바뀐 것이다.

① '표준말'을 '표준어'로 바꾼 것은 비표준어와의 대비에서 '표준말-비표준말'이 말결에 맞지 않기 때문이다.
② '중류 사회'는 그 기준이 모호하여 세계 여러 나라의 경향도 감안하여 '교양 있는 사람들'로 바꾼 것이다. 이 구절의 또 하나의 의도는, 이렇게 정함으로써 앞으로는 표준어를 못하면 교양 없는 사람이 된다는 점의 강조도 포함된 것이다.
③ '현재'를 '현대'로 한 것은 역사의 흐름에서의 구획을 인식해서다.
④ '서울말'에 대해서 어떤 이는 '서울 지역에서 쓰이는 말'이라 할 것을 주장하기도 한다. 그러나 서울 지역에서 가장 보편적으로 쓰이는 말은 확실히 어떤 공통적인 큰 흐름이 있는데, 이 큰 흐름이 바로 서울말이다.

마무리하기

1. 표준어는 한 나라에서 규범으로 쓰이는 언어로서 원활한 의사소통을 위해 제정한 말이다. 국어의 표준어는 '교양 있는 사람들이 두루 쓰는 현대 서울말'로 정함을 원칙으로 하였다.

2. 표준어는 국민 누구나 공통적으로 쓸 수 있게 만든 공용어(公用語)이다. 공적인 활동을 하는 사람이 제대로 사용하는 표준어라면 교양 있는 것이어야 할 것이다. '두루 쓰는'이라는 말은 '연령·성별의 구분 없이 골고루 쓰는'이라는 뜻을 갖는다.

3. '멍게, 물방개, 애순'은 본래 방언이었지만, 두루 쓰이기 때문에 표준어가 되었다. 이전의 표준어인 '우렁쉥이, 선두리, 어린순'도 여전히 표준어이다.

4. 표준어 사정 원칙에 나타난 '현대'라는 말의 뜻은 '갑오개혁 이후 지금까지 기간'을 의미하며, '서울'은 '지리적인 기준'을 의미한다.

 표준어 규정 제1부 제1항, 제23항

Ⅱ. 표준어 규정

2 '수놈'과 '수캐'

길잡이
1. 수컷을 이르는 대표 접두사는 '수-'임을 안다.
2. 수컷을 이르는 접두사를 세 종류로 구분해서 써야 하는 환경을 안다.

숫놈 구피

미리 보기

✓ 옛말에 있던 '수ㅎ'이 현대말 표기에까지 영향을 주고 있고, 또 뒤에 오는 음운의 성격에 따라 표기의 양상이 달라지기도 한다.

탐구하기

1. 수컷을 이르는 접두사의 표기

숫놈 구피

'숫놈 구피'는 맞는 표현일까? 일반적으로 수컷을 이르는 이 단어는 [순놈]으로 발음하는 사람이 많기 때문에 '숫놈'으로 표기하는 경우가 많다. 그러나 이는 잘못된 표기로, 수컷을 이르는 접두사는 '수-'로 써야 한다. 즉 '숫놈'이 아니라 **수놈**이 맞다.

아래의 단어들도 접두사 '수-'를 결합한다.

> 수꿩   수나사   수사돈   수소   수은행나무

'**수소**'는 [수쏘]로 발음하는 경향이 있으나 [수소]가 표준 발음이다.

구피 = 거피

송사릿과의 열대 담수어. 송사리와 비슷한데 몸의 길이는 수컷은 3cm, 암컷은 6cm 정도이며, 개량종이 많아서 형태와 빛깔이 다양하다.

2. 접두사 '수-'가 그대로 결합되지 않는 경우

탐구 1에서는 수컷을 나타낼 때 접두사 '수-'와 어근이 그대로 결합한다고 했으나, **수캉아지**와 **숫쥐**와 같은 단어는 위의 규칙에서 벗어난다.

◎ 거센소리가 표기에 반영된 예

표준어	비표준어
수컷	숫것
수캐	숫개
수캉아지	숫강아지
수탉	숫닭
수평아리	숫병아리
수퇘지	숫돼지
수탕나귀	숫당나귀
수키와	숫기와
수톨쩌귀	숫돌쩌귀

접두사 '수-' 뒤에 거센소리를 표기하는 경우는 위의 9개 단어로 한정한다. '암탉'처럼 '암-'이 결합되는 경우도 마찬가지이다. 위에 제시된 9개의 표준어와 유사하거나 동일한 음운 환경이지만 **수가오리, 수개구리, 수거미, 수다람쥐, 수비둘기**' 등을 '수카오리, 수캐구리, 수커미, 수타람쥐, 수피둘기' 등과 같이 표기하면 비표준어가 된다.

◎ 접두사 '숫-'을 사용하는 예: **숫양**, **숫염소**, **숫쥐**

위의 세 단어에 한정하여 '숫-'을 인정한다. 즉, 발음상 [순냥](ㄴㄴ첨가), [순념소](ㄴㄴ첨가), [숟쮜](된소리되기)를 인정하여 표기에 반영한 것이다. '숫쥐'는 [숟쮜]로 발음하는 것도 허용한다.

한편, '**수놈**'이나 '**수소**'는 [순놈]이나 [수쏘]로 발음될 때가 있으나 표준어 규정 제7장에서 '수놈', '수소'를 쓰도록 명시하고 있으므로 [수놈], [수소]가 바른 발음이다. '**수야크**', '**수여우**', '**수쥐며느리**' 등도 '수-'로 적어야 한다.

돌쩌귀

문짝을 문설주에 달아 여닫는 데 쓰는 두 개의 쇠붙이. 암톨쩌귀는 문설주에, 수톨쩌귀는 문짝에 박아 맞추어 꽂는다.

[수가오리], [수개구리], [수거미], [수다람쥐], [수비둘기]가 올바른 발음이다.

3. 접두사 '수-' 다음에 거센소리가 발음되는 이유

일부 단어에서 접두사 '**수-**' 다음에 거센소리가 발음되는 이유는 무엇일까? 이는 본래 접두사 '수-'가 역사적으로 명사 '수ㅎ'에서 기인했기 때문이다. 중세 국어에는 명사의 받침에 'ㅎ'을 가지는 단어가 있다. 이때의 'ㅎ'은 단어가 따로 쓰였을 때는 실현되지 않다가 다른 말과 결합하면서 발음이나 표기에 영향을 준다. 중세 국어에서 받침에 'ㅎ'을 따로 가지고 있는 단어들의 예는 많은 편이나 현대 국어에서는 대부분 사라졌고, 일부 단어에서 그 흔적을 발견할 수 있다. 그것은 아래 예에서 보이듯이, 단어(복합어)의 구성 요소가 결합할 때 구성 요소 각각의 표기에는 없던 거센소리가 뒤따르는 경우 'ㅎ'의 실현을 확인할 수 있다.

표준어 규정 제17항에서는 '다만 1'로 거센소리가 인정되는 '것, 개, 강아지, 닭, 병아리, 돼지, 당나귀, 기와, 돌쩌귀'라는 9개의 단어를 제시하고 있다. 이것들은 과거에는 명사 '수ㅎ'이 역사적으로 복합어가 되어 화석화한 것으로 보고 '수ㅎ'을 인정하되, 표기에서는 받침 'ㅎ'을 따로 밝히지 않는다. 따라서 9개 단어만 접두사 '수-, 암-' 다음에 나는 거센소리로 표기된 것이 표준어가 된다.

수컷, 수캐, 수캉아지, 수탉, 수평아리, 수퇘지, 수탕나귀, 수키와, 수톨쩌귀

연습하기

✓ 다음 단어들에 수컷을 나타내는 접두사를 붙일 때, '수-', '숫-' 또는 거센소리 표기를 인정하는 경우로 나누어 써 보자.

꿩	소	강아지	기와	말	나사
병아리	닭	양	놈	염소	사돈
돼지	것	사자	쥐	돌쩌귀	개

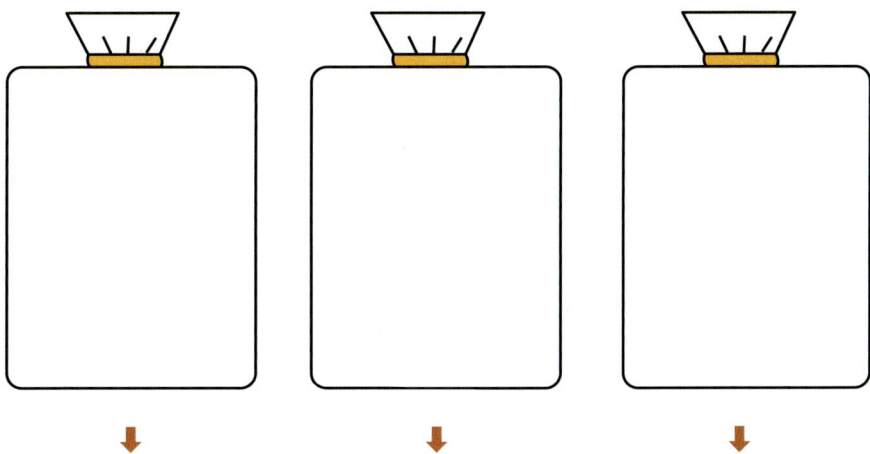

1. [원칙]
접두사 '수-'와 결합하는 단어
(접두사 뒤 거센소리 표기를 인정하지 않음.)

2. [다만 1]
접두사 '수-'와 결합하되 접두사 뒤 거센소리 표기를 인정함.

3. [다만 2]
접두사 '숫-'과 결합함.

도움말

답
1. 꿩, 소, 말, 나사, 놈, 사돈, 사자
2. 강아지, 기와, 병아리, 닭, 돼지, 것, 돌쩌귀, 개
3. 양, 염소, 쥐

참고하기

앞말의 ㅎ이 실현되는 옛말 (ㅎ 종성 체언)

옛말에는 단독형이나 실질 형태소 앞에서는 'ㅎ'이 발현되지 않으나, 조사와 결합할 때 'ㅎ'이 나타나는 단어들이 있다. 이를 'ㅎ 종성 체언'이라고 한다. ㅎ 종성 체언에는 다음과 같은 것들이 있다.

갈ㅎ(칼), 고ㅎ(코), 그르ㅎ(그루), 긴ㅎ(끈), 나ㅎ(나이), 나라ㅎ[國], 나조ㅎ(저녁), 내ㅎ[川],
네ㅎ[四], 노ㅎ(끈), 니마ㅎ(이마), ᄯᅡㅎ(땅), 뒤ㅎ[後], 드르ㅎ(들),
세ㅎ[三], 쇼ㅎ[俗人], 수ㅎ[雄], 시내ㅎ[川], 우ㅎ[上], 자ㅎ[尺], 안ㅎ[內],
길ㅎ[道], 돌ㅎ[石], 둘ㅎ[二], 별ㅎ(벼랑), 스믈ㅎ[二十], 열ㅎ[十], 올ㅎ[今年], 바다ㅎ[海] 등

ㅎ 종성은 모음으로 시작하는 조사와 연결될 때 실현되는데 'ㅎ'이 뒤따르는 모음에 연철되어 표기에 드러나게 된다.

> **예** 나라해 도라오시고 (용비어천가, 24장)
> (나라ㅎ+-애)

본문에서 살핀 '**수캉아지**'가 '수+강아지'임에도 거센소리가 실현되는 이유가 바로 여기에 있다. '수ㅎ(雄)'와 강아지가 결합하면서 '수-'에 남아 있던 'ㅎ' 음이 실질 형태소 '강아지'와의 결합에서 드러나게 된 것이다. 옛말을 알면 현재 우리가 사용하는 단어의 형성 원리를 이해할 수 있다.

마무리하기

1. 수컷을 이르는 접두사는 '수-'로 통일한다.
   - 예 수꿩, 수나사, 수놈, 수소, 수은행나무

2. 다음의 9개 단어는 접두사 '암-, 수-'와 결합할 때 어근의 첫소리를 거센소리로 표기하여야 한다. 이런 거센소리 표기는 중세 국어 시기 이래로 쓰이던 ㅎ 종성 체언의 흔적 때문이다.
   - 예 수컷, 수캐, 수캉아지, 수탉, 수평아리, 수퇘지, 수탕나귀, 수키와, 수톨쩌귀
     암컷, 암캐, 암캉아지, 암탉, 암평아리, 암퇘지, 암탕나귀, 암키와, 암톨쩌귀

3. 다음의 세 단어는 접두사 '숫-'과 결합한다.
   - 예 양, 염소, 쥐 → 숫양, 숫염소, 숫쥐

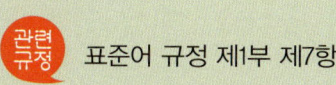
표준어 규정 제1부 제7항

Ⅱ. 표준어 규정

3 '오얏'의 현대어는 '자두'

길잡이
1. 대부분의 옛말이 표준어가 되지 못하는 이유를 안다.
2. 옛말 가운데 표준어로 삼는 것과 그렇지 않은 것을 구별하여 사용할 수 있다.

미리 보기

✓ '오얏'은 옛말이고 현대 표준어는 '자두'이다.

탐구하기

1. 오얏 한 접시? 자두 한 접시!

'오얏'은 지금의 '**자두**'를 의미하는 옛 단어로, 현재는 사어(死語)이다. 다만 이씨 성(姓)을 나타내는 '李'를 '오얏 리'와 같이 훈을 '오얏'으로 읽는 경우는 아직 있다. 이처럼 이전에는 활발하게 쓰였으나 이제는 더 이상 사용되지 않는 단어들은 고어(古語)로 처리하고, 현재 널리 쓰이는 단어를 새롭게 표준어로 삼은 경우가 많다.

표준어 ➡ 교양 있는 사람들이 <u>두루 쓰는</u> <u>현대</u> 서울말

'고어'와 '현대어'를 구분하는 표준어의 규정은 특히 밑줄 친 '두루 쓰는'과 '현대'에 의해 적용된다. '오얏'과 같은 고어는 '갑오개혁(1894) 이후'라는 '현대'의 기준에는 일부 부합할 수 있으나 현 시대를 살아가는 사람들이 빈번하게 사용하는 단어는 아니므로 표준어로 인정되지 않는다.

사어(死語)
이전에는 쓰였으나 현재는 더 이상 사용되지 않는 단어.

2. 고어가 아닌 현대어로 써야 할 단어

- 도적의 핍박흔 배 되여 주식을 업고 낭의 떠러뎌 주그니라
  —동국신속삼강행실도(1617)
- 도적이 핍박한 바 되어 자식을 업고 낭떠러지에 떨어져 죽으니라

17세기 《동국신속삼강행실도》에서 나오는 '낭'이라는 말은 현재는 쓰이지 않고 대신에 '**낭떠러지**'가 표준어로 인정받고 있다. 이처럼 국어생활에서 사용되지 않는 고어(古語) 대신에 다른 말이 표준어로 인정받는 예는 여기저기서 발견할 수 있다.

낭(×) → 낭떠러지(○)   봉(×) → 난봉(○)
설겆다(×) → 설거지하다.(○)   애닲다(×) → 애달프다(○)

'**낭떠러지**'는 '깎아지른 듯한 언덕'이라는 뜻을 가지고 있는데, 본래의 '낭'에다 '떠러지'가 붙어서 이루어진 표준어이다. '봉'이라는 말도 사어(死語)가 되고 대신 '**난봉**'이 많이 사용되어 '허랑방탕한 짓'을 의미하는 표준어가 되었다.

고어인 '설겆다'는 지금 '**설거지하다**'로 사용되고 있으며, 마찬가지로 고어인 '설겆이'도 역시 표준어는 이제 '**설거지**'이다. 과거에 쓰인 '애닲다'도 이제는 '**애달프다**'로 쓰는 것이 맞다. 따라서 위 그림의 '애닲은 감정'은 '**애달픈 감정**'으로 표기하여야 한다.

3. 설겆이? 설거지!

그렇다면 '설거지하다'와 '애달프다'를 표준어로 선정한 이유는 무엇일까?

▶ 설겆이하다? 설거지하다!

'설겆다'가 사어로 처리된 것은 '설겆어라, 설겆으니'와 같은 활용형이 쓰이지 않아 어간 '설겆-'을 추출할 수 없기 때문이다. 그래서 '설거지'를 '설겆-'에서 파생된 것으로 보지 않고 원래부터 명사 **'설거지'**인 것으로 설정하였으며, **'설거지하다'**는 이 명사에 '-하다'가 결합한 것으로 본다.

▶ 애닯다? 애달프다!

노래 가사 등에서 자주 쓰이는 '애닯다'는 고어의 잔재이다. 이 역시 '애닯으니, 애닯아서'와 같은 활용형을 보이지 않으므로 **'애달파서, 애달픈'** 등의 활용형을 보이는 **'애달프다'**를 표준어로 삼는다.

> 단어가 표준어인지 아닌지 잘 구분되지 않을 때는, 어간의 활용형을 떠올려 보자. 활용이 되는 것을 표준어로 삼는 경우가 많다.

활용(活用)
용언의 어간이나 서술격 조사 '이다'에 어미가 붙어 문장의 성격을 바꿈. 또는 그런 일.

연습하기

✓ 다음의 단어들은 일상에서 쓰이지 않는 고어들이다. 각 단어의 의미를 문맥을 통해 추측하고 괄호에 그 단어의 표준어를 적어 보자.

1. 낭
   - 낭 위에서 바라보니 온 마을이 훤히 보이는구나. (   )

2. 설겆이
   - 오늘은 내가 설겆이를 할 테니 당신은 좀 쉬어요. (   )

3. 애닲다
   - 참으로 애닲다. 일찍 그 사람의 소중함을 알았더라면 이렇게 마음 아프지는 않았을 것을. (   )

4. 봉
   - 그 사람은 그 동네에서 알아주는 봉꾼이었지. 남의 밭을 못 쓰게 만들고, 술만 마셨다 하면 싸움질이니 사람들이 혀를 내둘렀거든. (   )

도움말

위 단어들은 모두 예전에는 쓰였으나 현재는 사어가 된 것들이다. 쓰이지 않는다고는 하나 현재 표준어의 기원이 되는 단어들이므로 생김새를 통해 유사한 단어임을 추측할 수 있다. 또한 앞뒤 문맥을 살피다 보면 어렵지 않게 단어의 의미가 이해될 것이다.

답 1. 낭떠러지 2. 설거지 3. 애달프다 4. 난봉

참고하기

문학 작품에 나타나는 고어 표현

▶ 애닲다

- 또다시 너무나 가엾은 여자의 뒷모양이 보였다. 레인코트 위에 빗물은 흘러내리고 우산도 없이 모자 안 쓴 머리가 비에 젖어 <u>애닲다</u>. 기운 없이, 기운 있을 수 없이 축 늘어진 두 어깨, 주머니에 두 팔을 꽂고, 고개 숙여 내디디는 한 걸음, 또한 걸음, 그 조그맣고 약한 발에 아무러한 자신도 없다.

  —박태원, '소설가 구보씨의 일일'에서

- 이것은 소리 없는 아우성 / 저 푸른 해원을 향하여 흔드는
  영원한 노스탤지어의 손수건.
  순정은 물결같이 바람에 나부끼고 / 오로지 맑고 곧은 이념의 푯대 끝에
  애수는 백로처럼 날개를 펴다/ 아! 누구인가? /
  이렇게 슬프고도 <u>애닲은</u> 마음을/ 맨 처음 공중에 달 줄을 안 그는.

  —유치환, '깃발'에서

▶ 설겆이

- 여름 비<u>설겆이</u>도 그렇지만 초겨울 눈<u>설겆이</u> 하는 것은 정말 신이 났다.

  —오탁번, '우화(寓話)의 땅'에서

- 이때 애기는 부엌에 들어가서 <u>설겆이</u>하느라고 저의 어머니가 빨래 가짓수 많이 가지고 가는 것을 못 본 까닭에 나중에 어머니 빨래가 너무 늦는다고 속으로 고시랑거리기까지 하였다.

  —홍명희, '임꺽정'에서

▶ 오얏

- 여기저기 생흙이 패여 있고 / 분이의 어깨를 닮은 초록의 <u>오얏</u>열매 떨어져 있는
  <u>오얏</u>나무 아래에서 / 무엇을 보았다고 말하기는 어려웠다
  내가 어디에 있는가를 말하기는 더욱 어려웠다
  소나무 사다리는 공중의 집에서 땅으로 / <u>오얏</u>나무 뿌리에 닿아 있었다.

  —류수안, '오얏나무 숲으로 흰 도화지를 가지고 오세요'에서

마무리하기

1. 이전의 단어가 사어(死語)가 되고 현재 자주 쓰이는 단어가 표준어로 설정된다.
  예) 오얏 → 자두

2. 아래에서 왼쪽의 단어는 현재 사용되지 않으므로 고어로 처리되며, 오른쪽의 단어가 표준어로 쓰인다.
  예) 낭, 봉, 설겆이, 애닯다 → 낭떠러지, 난봉, 설거지, 애달프다

3. 활용이 가능한 단어의 경우, 그 활용형이 현재 활발하게 사용되고 있는 어간을 표준어로 설정한다.
  예) 애달프다, 설거지하다

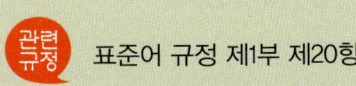
관련규정 표준어 규정 제1부 제20항

Ⅱ. 표준어 규정

4 개다리밥상? 개다리소반!

길잡이
1. 경쟁 관계에 있는 고유어와 한자어 중 표준어를 정할 때 원칙이 무엇인지 안다.
2. 경쟁 관계에 있는 고유어와 한자어 중 표준어로 인정되는 단어를 골라 쓸 수 있다.

미리 보기

✓ '군달'은 '윤달'의 옛말이다. 표준어는 '윤달'이다.

윤달(閏-): 윤년에 드는 달. 달력의 계절과 실제 계절과의 차이를 조절하기 위하여, 1년 중의 달수가 어느 해보다 많은 달을 이른다.

탐구하기

1. '두루 쓰는' 말이 표준어

① 개다리소반–개다리밥상   ② 가루약–말약

①과 ②에서 각각 어느 것이 표준어일까? 우리가 '두루 쓰는' 단어인 **개다리소반**'과 '**가루약**'이 표준어이다.

이들 단어는 모두 한자어와 고유어의 대립으로 구성되어 있다. '개다리소반'의 '소반(小盤)'은 한자어이고, '개다리밥상'에서 '밥'은 고유어, '상(床)'은 한자어이다. '가루약(--藥)'의 '가루'는 고유어이고, '말약(末藥)'의 '말(末)'은 분말을 뜻하는 한자어이다.

그러나 ①에서는 한자어 계열의 단어가, ②에서는 고유어 계열의 단어가 표준어로 선정되었다.

우리말에는 '고유어–한자어'가 대립하는 어휘가 많다. 둘 중 어느 쪽을 표준어로 삼을까? '두루 쓰는' 것을 표준어로 삼는다.

2. 고유어 계열이 표준어가 된 예

다음의 단어는 고유어와 한자어가 같이 쓰일 때, 고유어 계열의 단어가 표준어로 인정되는 예이다. 즉, 줄표(-) 왼쪽의 단어가 표준어이다.

〈표준어〉
가루약 – 말약(末藥)
마른빨래 – 건빨래(乾--)
외지다 – 벽지다(僻--)
잎담배 – 잎초(-草)
잔돈 – 잔전(-錢)

〈표준어〉
꼭지미역 – 총각미역(總角--)
사래밭 – 사래전(--田)
박달나무 – 배달나무(倍達--)
흰죽 – 백죽(白粥)
흰말 – 백말(白-)

사래밭
묘지기나 마름이 수고의 대가로 부쳐 먹는 밭.

'가루약'이나 '마른빨래', '잎담배', '흰죽'은 누구나 표준어로 인식할 만큼 자주 사용되는 단어이다. 이처럼 약이나 빨래와 같은 일상에서 자주 사용되는 단어의 경우에는 고유어 계열이 우위를 점하고 있다.

'**꼭지미역**'은 한자어 계열 방언이 '총각미역(總角--)'으로, '한 줌 안에 들어올 만큼 모아 잡아맨 미역'을 의미한다. 같은 '총각'이 들어 있는 **총각무**는 표준어로 삼았으나, 미역의 경우 고유어 계열인 '꼭지미역'이 더욱 친숙하게 사용되고 있으므로 '꼭지미역'을 표준어로 삼았다.

아래 왼쪽 예들도 고유어 계열이 우위를 점해서 표준어로 삼은 것들이다.

〈표준어〉
성냥 – 화곽(火-)
움파 – 동파(冬-)
까막눈 – 맹눈(盲-)
솟을무늬 – 솟을문(--紋)
밥소라 – 식소라(食--)
지겟다리 – 목발(木-)

3. 한자어 계열이 표준어가 된 예

높은밥? 고봉밥!

위 사진과 같이 그릇이 넘치도록 수북이 쌓은 밥은 무엇이라고 부를까? 높은밥일까? 고봉밥일까?

하루 종일 농사 일로 체력을 소비해야 했던 농민들에게 수북이 쌓인 '**고봉밥**'(高捧-)은 삶의 활력소였을 것이다. 이처럼 한자어와 고유어의 대립에서 한자어를 빈번히 사용할 경우 그것을 표준어로 삼는 경우가 있다. 줄표(-)의 왼쪽 것이 표준어다.

〈표준어〉
개다리소반(---小盤) - 개다리밥상(----床)
양파(洋-) - 둥근파
윤달(閏-) - 군달

〈표준어〉
겸상(兼床) - 맞상(-床)
산누에(山--) - 멧누에
총각무(總角-) - 알타리무

'**겸상**' 역시 '맞상'이라는 일부 고유어 표현이 있으나 옛날부터 '겸상'과 '외상(한 사람 몫으로 차린 음식상)'을 구분하여 자주 사용하다 보니 한자어 '겸상'이 표준어로 인정받았다.

'**총각무**'의 경우 고유어인 '알타리무'도 적지 않게 쓰이나, 옛날부터 김치의 재료로 사용되면서 '총각김치', '총각무'라는 용어가 더 오랜 시간 익숙하게 사용되어 한자어 계열이 표준어로 선정되었다.

이와 같은 경우 한자어가 두루 쓰여서 표준어로 삼는 경우가 많으므로, 사용되는 한자의 의미를 파악하고 자주 사용되는 용례를 알아두면 표준어 사용의 혼동을 줄일 수 있다.

연습하기

✔ 표준어를 찾고, 해당 단어가 고유어 계열인지 한자어 계열인지 구분해 보자.

(1) 산줄기 / 멧줄기

(2) 총각무 / 알타리무

(3) 부항단지 / 뜸단지

(4) 꼭지미역 / 총각미역

도움말

답 (1) 산줄기(山--) (한자어 계열) (2) 총각무(總角-) (한자어 계열)
(3) 부항단지(附缸--) (한자어 계열) (4) 꼭지미역 (고유어 계열)

참고하기

표준어 규정에 제시된 고유어 및 한자어 계열 표준어의 예

▶ 고유어 계열 표준어

표준어	비표준어	표준어	비표준어
가루약	말약(末藥)	메찰떡	반찰떡(半--)
구들장	방돌(房-)	박달나무	배달나무(倍達--)
길품삯	보행삯(步行-)	밥소라	식소라(食--)
까막눈	맹눈(盲-)	사래논	사래답(--畓)
꼭지미역	총각미역(總角--)	사래밭	사래전(--田)
나뭇갓	시장갓(柴場-)	삯말	삯마(-馬)
늙다리	노닥다리(老---)	성냥	화곽(火-)
두껍닫이	두껍창(--窓)	솟을무늬	솟을문(--紋)
떡암죽	병암죽(餠--)	외지다	벽지다(僻--)
마른갈이	건갈이(乾--)	움파	동파(冬-)
마른빨래	건빨래(乾--)	잎담배	잎초(-草)
잔돈	잔전(-錢)	짐꾼	부지군(負持-)
조당수	조당죽(--粥)	푼돈	분전(分錢)/푼전(-錢)
죽데기	피죽(皮-)	흰말	백말(白-)/부루말
지겟다리	목발(木-)	흰죽	백죽(白粥)

▶ 한자어 계열 표준어

표준어	비표준어	표준어	비표준어
개다리소반(---小盤)	개다리밥상	산누에(山--)	멧누에
겸상(兼床)	맞상	산줄기(山--)	멧줄기/멧발
고봉밥(高峰-)	높은밥	수삼(水蔘)	무삼
단벌(單-)	홑벌	심돋우개(心---)	불돋우개
마방집(馬房-)	마바리집	양파(洋-)	둥근파
민망스럽다(憫惘---)/ 면구스럽다(面----)	민주스럽다	어질병(--病)	어질머리
방고래(房--)	구들고래	윤달(閏-)	군달
부항단지(附缸--)	뜸단지	장력세다(壯力--)	장성세다
총각무(總角-)	알무/알타리무	제석(祭席)	젯돗
		칫솔(齒-)	잇솔
		포수(砲手)	총댕이

마무리하기

1. 고유어 계열의 단어가 널리 쓰이면 고유어 계열의 단어를 표준어로 삼는다.
   예) 말약, 맹눈 (×) → 가루약, 까막눈 (○)

2. 한자어 계열의 단어가 널리 쓰이면 한자어 계열의 단어를 표준어로 삼는다.
   예) 개다리밥상, 둥근파 (×) → 개다리소반, 양파 (○)

3. 표준어를 정하는 주요 기준은 '두루 쓰는' 말인지 아닌지이다. 단순히 한자어이기 때문에 표준어에서 제외하거나, 고유어이기 때문에 표준어로 삼는 것은 아니다.

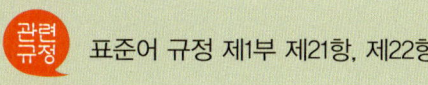
관련규정 표준어 규정 제1부 제21항, 제22항

Ⅱ. 표준어 규정

5 표준어의 실제 발음

길잡이
1. 표준 발음법이 필요한 이유를 알고 바르게 사용할 수 있다.
2. 표준 발음을 정하는 원칙을 알고 바르게 말을 할 수 있다.

미리 보기

✓ '밥'은 [밥]으로 발음되지만, '밥 먹고'의 '밥'은 '먹고'의 'ㅁ' 때문에 [밤ː]으로 발음된다.

탐구하기

1. 표준 발음법이 필요한 이유

기자: 드라마 아이디어는 어디서 얻으시나요?

프로듀서: 작가의 머릿속에서 짜 내기두 하구. 희곡이나 소설에서 얻기두 하구 그러죠. 외국 같은 경우는 한 7~80 퍼센트는 원작 소설이라던가 시사적인 내용을 빌려 오기두 하죠. 그런데 우리나라는 거꾸로 7~80 퍼센트가 다 창작입니다. 역사 드라마를 볼 때 유의해야 할 점이기도 하죠.

반언어적(半言語的) 표현

비언어적(非言語的) 표현

    이 기사에서 인터뷰 대상자인 프로듀서는 조사 '도'를 '두'로, 어미 '-든가'를 '-던가'로 발음하고 있다. 일상생활에서 '도/두', '-든가/-던가'를 혼란스럽게 발음하는 현상은 자주 발견된다.

    표준 발음이 잘 지켜지지 않는 이유는 말하는 사람 스스로 표준 발음의 필요성을 인식하지 못하거나 평소 습관대로 발음하고자 하는 경향이 있기 때문이다. 특히 의사소통에는 발음과 같은 언어적 요인뿐만 아니라 억양이나 음색과 같은 **반언어적 표현**, 몸짓이나 표정과 같은 **비언어적인 표현** 등이 복합적으로 작용하기 때문에 의사소통에 지장이 없는 한 굳이 표준 발음을 쓰려 노력하지 않는다.

>   **표준 발음법**은 표준어의 실제 발음을 따르되, 국어의 전통성과 합리성을 고려하여 정함을 원칙으로 한다. 여기서 전통성은 국어 공동체 구성원들이 써 온 발음을 인정하여 표준 발음으로 정하는 것을 의미하며, 합리성은 발음을 내는 환경이나 조건에 따라 바르게 발음하는 것을 뜻한다.

2. 표기 오류와 발음

　잘못된 발음 습관으로 말미암아 표기를 바르게 하지 못할 때가 있다. '찌개'를 '찌게'로 쓰거나 '덮개'를 '덮게'로 쓰는 따위는 모음 'ㅔ'와 'ㅐ'의 발음을 정확하게 구분하지 않는 습관에서 비롯될 때가 많다.
　발음의 오류는 모음뿐만 아니라 자음에서도 나타난다. '끊기다[끈키다]'를 [끈기다]로 발음하거나 '빛이 있다[비치 읻따]'를 [비시 읻따]로 발음하는 등 자음을 뚜렷이 소리 내지 않은 경우도 있다. 특히 문맥이 주어지지 않는 상황에서 '갚아야 할 돈'을 의미하는 '빚'을 [빗]으로 소리 낸다면 의사소통에 어려움을 겪게 될 것이다.

> 　어떤 언어든지 표기와 발음이 완전히 일치하는 경우는 없다. 국어에서도 표기와 발음이 일치하는 경우도 있지만 그렇지 않은 경우도 있다. "표준국어대사전"에서도 '대금'을 뜻하는 '대가'는 [대:까]와 같은 발음 정보를 두었다. 이처럼 사전에서는 표기와 발음이 일치하지 않을 경우 발음 정보를 둠으로써 바르게 발음할 수 있도록 하고 있다.

연습하기

1. 발음의 차이에 따라 의미가 어떻게 달라지는지 말해 보자.

① 첫눈을 맞았더니 {[눈:물], [눈물]}이 나왔다.
② 내가 너에게 갚아야 할 {[비지], [비시]} 있다.
③ 나는 예쁜 {[잠자리], [잠짜리]}를 좋아한다.

2. 표준 발음에 맞게 발음하여 보자.

① 디귿이 ② 지읒을 ③ 치읓에 ④ 키읔이 ⑤ 티읕을
⑥ 피읖에 ⑦ 히읗을 ⑧ 밭이 ⑨ 곁을 ⑩ 부엌이
⑪ 동녘에 ⑫ 무릎이 ⑬ 꽃이 ⑭ 꽂아 ⑮ 보리밭아

도움말

답
1. ① [눈:물]의 '눈'은 내린 눈을, [눈물]의 '눈'은 신체의 한 부분을 의미한다.
   ② [비지]는 '빛'을, [비시]는 '머리를 빗는 물건'을 의미한다.
   ③ [잠자리]는 곤충을, [잠짜리]는 '잠을 자는 곳'을 의미한다.
2. ①~⑦은 한글 자모의 이름 뒤에 모음으로 시작하는 조사(이, 에, 을)가 이어질 때 현실음을 존중하여 연음 법칙을 그대로 적용하지 않는 예이다. 표준 발음법 제16항에는 한글 자모의 이름은 그 받침소리를 연음하되, '이, 을, 에' 등의 모음으로 시작하는 조사가 올 때, 'ㄷ, ㅈ, ㅊ, ㅌ, ㅎ'은 'ㅅ'으로, 'ㅋ'은 'ㄱ'으로, 'ㅍ'은 'ㅂ'으로 발음하도록 하고 있다. ⑧은 구개음화가 적용되는 발음이고, ⑨~⑮는 연음 법칙이 그대로 적용되는 발음이다.

① [디그시] ② [지으슬] ③ [치으세] ④ [키으기] ⑤ [티으슬]
⑥ [피으베] ⑦ [히으슬] ⑧ [바치] ⑨ [겨틀] ⑩ [부어키]
⑪ [동녀케] ⑫ [무르피] ⑬ [꼬치] ⑭ [꼬차] ⑮ [보리바타]

참고하기

표준 발음의 기능과 중요성

　표준 발음의 일차적인 기능은 원활한 의사소통이 가능하도록 하는 데 있다. 또한 표준 발음은 표준어와 마찬가지로 사용자에게 교양을 갖추게 하는 기능도 있다고 볼 수 있다.
　전통적으로 우리나라에서 사람을 '신언서판(身言書判)'으로 평가했다. '신(身)'은 몸가짐을 뜻하며 '언(言)'은 말씨를 뜻한다. 몸가짐과 말씨가 글씨를 뜻하는 '서(書)'나 판단력을 뜻하는 '판(判)'보다 앞서 있는 까닭은 그만큼 예절과 말씨를 중요하게 여겼기 때문이다.
　그렇다면 말씨를 바르게 부리기 위해서는 어떤 노력이 필요할까? 바르고 고운 말을 가려 쓰는 능력, 말을 삼가고 차분하게 하는 능력, 말을 조리 있게 하는 능력 등이 필요하다. 특히 표준 발음을 사용하고자 하는 노력은 이와 같은 말하기 능력의 기반이 된다.

마무리하기

1. 표준 발음법은 '표준어의 실제 발음을 따르되, 국어의 전통성과 합리성을 고려하여 정함을 원칙'으로 한다.

2. 표준 발음을 이해하기 위해서는 표준어의 실제 발음을 알아야 하며, 국어의 전통성과 합리성이 의미하는 바가 무엇인지를 이해해야 한다.

3. 공적인 언어생활에서 표준 발음을 사용하는 것은 원활한 의사소통뿐만 아니라 교양을 갖추는 데에도 필요하다.

 표준어 규정 제2부 제1항, 제16항

6 '난로'와 '횡단로'의 발음

길잡이
1. '난로, 칼날'처럼 'ㄴ'이 'ㄹ'의 앞이나 뒤에 오는 단어들을 올바로 발음할 수 있다.
2. '횡단로, 생산량'처럼 한자어에서 'ㄴ'과 'ㄹ'이 결합할 때 [ㄴㄴ]으로 발음하는 단어들을 올바로 발음할 수 있다.

미리 보기

정부가 신종플루 거점 병원에 대한 지원을 확대하기로 했습니다. 의료 장비 지원은 물론 감염자의 '입원료[이붠뇨]'와 '진료실[질:료실]' 운용비도 정부가 부담할 방침입니다.

— ○○○ 뉴스에서

✓ [이붠뇨], [질:료실]이 맞는 발음이다.

6. '난로'와 '횡단로'의 발음   173

탐구하기

1. '난로'는 [날:로], '횡단로'는 [횡단노]

'**난로**'의 표준 발음은 [날:로]이고, '**횡단로**'의 표준 발음은 [횡단노]이다. 왜 그럴까?

그 이유는 각 단어의 구조상 차이를 통해 설명할 수 있다. 이 둘은 같은 음운 환경을 보이고 있는 것처럼 보이지만, 사실은 그렇지 않다. 예를 들어 '난로'의 경우는 '난'과 '로'로 나누기 어렵지만, '횡단로'의 경우는 '횡단'과 '로'로 나눌 수 있다.

'횡단로'의 '로(路)'는 '길', '도로'의 뜻을 더하는 기능을 하고 있어 의미적으로 독립성이 강하다. 일단 '로'가 '노'로 두음 법칙 적용이 된 다음에, '횡단'과 연결된다고 설명할 수 있다. 그래서 '난로'는 '진리, 연락'처럼 [날:로]로 소리 나지만 '횡단로'는 [횡단노]로 소리 나는 것이다.

'횡단로'처럼 '횡단+로' 구성으로 파악할 수 있는 단어로는 '테헤란로', '한천로', '신촌로', '남부순환로' 등을 더 들 수 있다. 이들도 역시 [테헤란노], [한천노], [신촌노], [남부순환노]로 발음한다.

2. '입원료'와 '진료비'의 표준 발음

백혈병 진료비 계산서			
	급여(건보 적용)		비급여
주사료	930만 원		960만 원
수술료	80만 원		20만 원
입원료	640만 원		0원
초음파	0원		17만 원
⋮	⋮		⋮
총계 2400만 원	건보	1920만 원❶	1300만 원❸
	본인 부담	480만 원❷	

* 선택 진료비❹ : 250만 원

▼

진료비 총액(❶+❷+❸+❹)	3950만 원
환자 부담금(❷+❸+❹)	2030만 원

'**입원료**'의 표준 발음은 [이붠뇨], '**진료비**'의 표준 발음은 [질:료비]이다.

'입원료'는 '입원'과 '료'로 분석될 수 있고, '진료비'는 '진료'와 '비'로 분석될 수 있다. 따라서 '입원료'는 [이붠뇨]로, '진료비'는 [질:료비]로 소리가 난다.

'횡단로'나 '입원료'와 같이 발음되는 단어들은 우리 주변에서 쉽게 찾아볼 수 있다. '**의견란**[의:견난]', '**임진란**[임:진난]', '**생산량**[생산냥]', '**결단력**[결딴녁]', '**공권력**[공꿘녁]', '**동원령**[동:원녕]', '**상견례**[상견녜]', '**이원론**[이:원논]', '**구근류**[구근뉴]' 등이 있다.

이 단어들이 '의견+란', '임진+란', '생산+량', '결단+력', '공권+력', '동원+력', '상견+례', '이원+론', '구근+류'로 구성되어 있는 것은 물론이다. 이들은 모두 'ㄴ'으로 끝나고 독립성이 있는 2음절 한자어에 'ㄹ'로 시작된 1음절 명사 또는 접미사가 결합되는 예로서 'ㄴㄹ'이 [ㄴㄴ]으로 발음된다.

표준 발음법 제20항에서는 'ㄴ'은 'ㄹ'의 앞이나 뒤에서 [ㄹ]로 발음하는 것을 원칙으로 하고 있다. 이러한 음운 환경에 놓여 있는 단어들은 대부분 이 규정에 준하여 발음을 하지만, 그렇지 않은 단어들도 더러 있다.

연습하기

✓ 표준 발음법을 고려하여 밑줄 친 낱말의 발음을 표기해 보자.

1. 춘향전의 배경인 <u>광한루</u>에 답사를 다녀왔다.
   [   ]

2. 입학식에서 신입생과 재학생은 <u>상견례</u>를 가졌다.
   [   ]

3. 학교에는 <u>줄넘기</u>를 가지고 노는 학생들이 있었다.
   [   ]

4. <u>동원령</u>이 선포되어 부대로 집합하라는 전보가 왔다.
   [   ]

5. 이번 달은 이상하게도 <u>생산량</u>이 급격하게 감소하였다.
   [   ]

6. 그에게 <u>결단력</u>이 있었다면 분명 이번 일은 성사되었을 것이다.
   [   ]

7. 가뭄으로 급수를 제한하자 시민들은 한차례 <u>물난리</u>를 겪어야 했다.
   [   ]

도움말

[광:할루], [줄럼끼], [물랄리]와 같이 'ㄴ'은 'ㄹ'의 앞이나 뒤에서 [ㄹ]로 발음하는 것이 원칙이다. 그러나 '상견례', '동원령', '생산량', '결단력'의 '례', '령', '량', '력'은 의미적 독립성이 강하기 때문에 'ㄴ'이 'ㄹ'의 앞이나 뒤에서 [ㄹ]로 발음하는 현상이 일어나지 않는다. 그리하여 [상견녜], [동:원녕], [생산냥], [결딴녁]으로 발음하는 것이다.

답 1. [광:할루] 2. [상견녜] 3. [줄럼끼] 4. [동:원녕]
5. [생산냥] 6. [결딴녁] 7. [물랄리]

참고하기

지하철 역명인 '선릉'의 발음

▶ [설릉]으로 발음해야 한다.

지하철 역명 '선릉'의 표준 발음은 [설릉], 로마자 표기는 'Seolleung'이 맞다. 현행 표준 발음법 제20항에서는 한자어 내부에서 'ㄴ'과 'ㄹ'이 결합할 때, '난로'처럼 '난+로'로 형태소 분석이 어려운 단어인 경우에는 [ㄹㄹ]로 발음하고, '횡단로'와 같이 '횡단+로'로의 형태소 분석이 가능한 단어인 경우는 [ㄴㄴ]으로 발음하도록 규정하고 있다. '**선릉**'의 경우는 '선+릉'으로 형태소 분석이 어려워 전자에 해당되는 단어이므로 그 표준 발음은 [설릉]이 옳다.

마무리하기

1. 'ㄴ'을 'ㄹ'의 앞이나 뒤에서 [ㄹ]로 발음한다.
예) 신라[실라], 천리[철리]

2. 다만, 몇몇 단어들은 'ㄹ'을 [ㄴ]으로 발음한다.
예) 의견란[의ː견난], 임진란[임ː진난], 생산량[생산냥], 결단력[결딴녁], 공권력[공꿘녁], 동원령[동ː원녕], 상견례[상견녜], 횡단로[횡단노], 이원론[이ː원논], 입원료[이붠뇨], 구근류[구근뉴]

 표준어 규정 제2부 제20항

II. 표준어 규정

7 '김밥'과 '비빔밥'의 발음

길잡이
1. 합성어에서 뒤에 오는 말을 된소리로 발음해야 할 경우를 안다.
2. 다양한 사례를 통해 된소리되기의 표준 발음을 익힌다.

미리 보기

✓ [비빔빱], [김ː밥]으로 발음한다. 그 이유는 '탐구 2'를 보자.

탐구하기

1. '잠자리': [잠자리]와 [잠짜리]

①과 ②는 표기를 할 때 모두 '**잠자리**'로 적는다. 그러나 발음은 어떠한가? ①은 표기 그대로 [잠자리]로 읽지만, ②는 뒤 단어의 첫소리가 된소리로 실현된 [잠짜리]로 읽는다. 즉 ②에는 표기상에는 없지만, 발음상으로 사잇소리가 개재된 것으로 보아 된소리로 발음한 것이다. 이는 ①과 ②의 단어 구성이 달라서 일어나는 현상이다.

곤충을 나타내는 ①의 '잠자리'는 단일어이기에 [잠자리]로 발음한다. 반면 ②의 '잠자리'는 '누워서 잠을 자는 곳' 또는 '잠을 자는 이부자리'라는 의미를 나타내는 말로, '잠'과 '자리'가 합쳐져 만들어진 합성어이기에 [잠짜리]로 발음한다. 즉 발음상 사잇소리가 실현된 합성어인 경우에는 그 소리 뒤에 나오는 음을 된소리로 발음하게 되는 것이다.

> '**문고리**[문꼬리]', '**눈동자**[눈똥자]'와 같이 표기상 사이시옷이 없는데도 뒤 단어의 첫소리 'ㄱ, ㄷ, ㅂ, ㅅ, ㅈ'을 된소리 'ㄲ, ㄸ, ㅃ, ㅆ, ㅉ'으로 발음해야 하는 경우도 있다.

'합성어'는 실질적인 의미를 갖고 있는 말 둘 이상이 결합하여 하나의 단어가 된 말이다.

2. '비빔밥'과 '김밥'의 표준 발음

'**비빔밥**'과 '**김밥**'은 모두 합성어라는 공통점을 지니지만, 두 단어의 발음은 [비빔빱]과 [김ː밥]으로 다르게 실현된다. 같은 합성어임에도 불구하고 두 단어의 발음이 달라지는 이유는 무엇일까? 이는 각각 단어의 구성을 검토해 보면 알 수 있다.

'밥'은 '재료'를 의미하는 형태소와 결합할 때에는 예사소리로 난다. 예를 들어 '김+밥'은 '김 위에 밥을 펴 놓고 여러 가지 반찬으로 소를 박아 둘둘 말아 싸서 썰어 먹는 음식'이라는 의미를 지니고 있는데, 여기에서 '김'은 '김밥'의 재료를 나타내는 기능을 하고 있음을 확인할 수 있다. 그리하여 '김'이 재료가 되므로 예사소리 [김ː밥]으로 발음하는 것이다.

한편, 조리되는 '방식'이나 제공되는 '시간'과 결합할 때는 '밥'이 된소리로 난다. '비빔밥'에서 '비빔'은 어떤 재료에 다른 재료를 넣어 한데 버무리는 조리 '방식'을 의미하기 때문에 된소리 [비빔빱]으로 발음한다. 또, '**새벽밥**, **아침밥**, **점심밥**, **저녁밥**' 같은 경우는 밥이 제공되는 시간을 나타내기 때문에, '밥'이 [빱]으로 발음된다.

> ※ 뒷말의 첫소리를 된소리로 발음하는 단어
> 신바람[신빠람], 산새[산쌔], 손재주[손째주], 길가[길까], 물동이[물똥이], 발바닥[발빠닥], 굴속[굴ː쏙], 술잔[술짠], 바람결[바람껼], 그믐달[그믐딸], 아침밥[아침빱], 강가[강까], 초승달[초승딸], 등불[등뿔], 창살[창쌀], 강줄기[강쭐기]

뒷말이 된소리로 발음되는 단어
잠결, 잠귀, 잠기운, 잠버릇, 잠보, 잠자리 등.

뒷말이 예사소리 그대로 발음되는 단어
꿈자리, 뜸자리, 큰곰자리, 보금자리, 수염자리 등.

연습하기

✔ 다음 그림에서 표준 발음법에 맞는 것을 모두 골라 색칠해 보자.

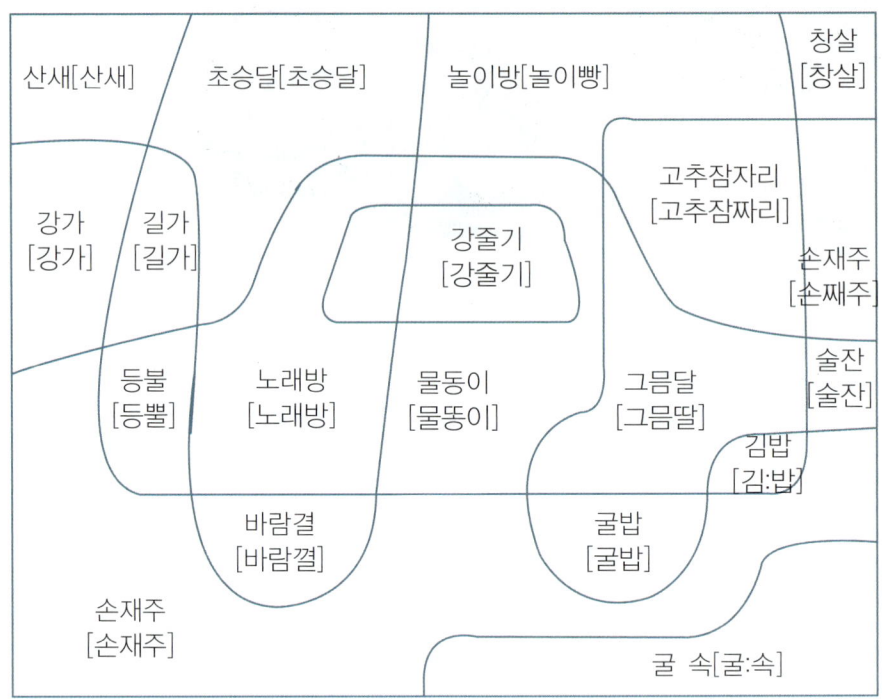

답 칠해야 할 곳: 등불[등뿔], 노래방[노래방], 물동이[물똥이], 그믐달[그믐딸], 김밥[김ː밥], 바람결[바람껼], 굴밥[굴밥]

칠하지 않을 곳: 산새[산쌔], 초승달[초승딸], 놀이방[놀이빵], 창살[창쌀], 강가[강까], 길가[길까], 강줄기[강쭐기], 고추잠자리[고추잠자리], 술잔[술짠], 손재주[손째주], 굴속[굴ː속]

참고하기

'문법'의 발음

된소리되기는 매우 불규칙하다. 같은 음운 환경이라도 된소리로 나는 경우도 있고 그렇지 않은 경우도 있기 때문이다. '**불법(不法)**'과 '**불법(佛法)**'은 모두 표준 발음이 [불법]이지만, '**사법(私法)**'은 [사뻡]처럼 뒷말을 된소리로 발음하고, '**사법(司法)**'은 [사법]처럼 뒷말을 예사소리로 발음한다.

우리가 흔히 접하는 '**문법**'이라는 말도 의미에 따라서 발음이 달라진다.

> **문법01(文法)**[-뻡] 〔문법만[-뻠-]〕「명사」
>   말의 구성 및 운용상의 규칙. 또는 그것을 연구하는 학문.
> **문법02(聞法)**[문:-] 〔문법만[문:범-]〕「명사」
>   설법을 들음.

이렇게 뜻의 차이에 따라 발음이 달라지는 예는 우리말에서 많이 발견할 수 있다. '**고가도로(高架道路)**'에서의 '고가' 발음과 가격이 높다는 뜻을 가진 '**고가(高價)**'의 발음이 각각 [고가], [고까]로 달리 나는 것도 바로 그런 예이다.

마무리하기

1. 표기상으로 사이시옷이 없더라도 뒤 단어의 첫소리를 된소리로 발음해야 하는 경우가 있다. 이를 예사소리로 발음하는 경우가 많으므로 유의해야 한다.
  예) 물동이[물똥이], 강가[강까], 산새[산쌔]

2. 관형격 기능을 지니는(휴지가 성립되는) 사이시옷이 있어야 할 합성어의 경우에는 뒤 단어 첫소리 'ㄱ, ㄷ, ㅂ, ㅅ, ㅈ'를 된소리 'ㄲ, ㄸ, ㅃ, ㅆ, ㅉ'로 발음한다.
  예) 비빔밥[비빔빱], 눈동자[눈똥자]

3. 관형격 기능을 지니지 않거나, 합성어가 아닌 단일어의 경우는 뒤 단어의 첫소리 'ㄱ, ㄷ, ㅂ, ㅅ, ㅈ'은 예사소리 그대로 발음한다.
  예) 노래방[노래방], 잠자리[잠자리]

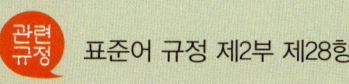
관련규정 표준어 규정 제2부 제28항

II. 표준어 규정

8 사이시옷은 소리를 내야 하나?

길잡이
1. 사이시옷을 표기하는 조건을 안다.
2. 표기한 사이시옷을 어떻게 발음하는지 안다.

싹 싹 닦 아 라 윗니 아랫니
싹 싹 닦 아 라 앞니 어금니
이 잘 닦는 아 이 는 하 얀니 예쁜 니
웃 을 때에 반짝 반짝 참 예뻐요

미리 보기

✓ 표기는 '만둣국', 발음은 [만두꾹]이 원칙이고 [만둗꾹]을 허용한다.

탐구하기

해원(海原) = 바다

1. '깃발'의 표준 발음

이것은 소리없는 아우성.
저 푸른 해원을 향하여 흔드는
영원한 노스탤지어의 손수건.
　　　　　－유치환, '깃발'에서

윗글에서 묘사하고 있는 것은 무엇일까? 아우성치며 바람에 나부끼는 그것. 깃발이다. 그렇다면 '**깃발**'의 발음은 어떻게 해야 할까? [기빨]인가? [긷빨]인가? 결론적으로 말하면 [기빨]로 발음하는 것을 원칙으로 하되, [긷빨]을 허용한다.

'깃발'은 원래 '기(旗)'라는 한자어와 '발'이라는 고유어의 합성어이다. 한자어와 고유어로 이루어진 합성어에서 뒷말의 첫소리가 된소리로 발음되기 때문에 사이시옷을 표기한 것이다. 문제는 뒷말의 첫소리가 된소리임을 나타내기 위해 적은 사이시옷을 또 다시 [ㄷ]으로 발음해야 하는지이다.

우선 현행 표준 발음법에서 원칙으로 삼는 발음은 [ㄷ]을 발음하지 않고 [기빨]로 발음하는 것이다. 사이시옷은 원래 뒷말에 영향을 줄 뿐이기 때문에 굳이 발음할 필요가 없어서, [기빨]로 한다는 것이다.

다음으로 사이시옷을 발음하여 [긷빨]로 발음하는 경우이다. 뒷말의 첫소리가 된소리임을 나타낸 사이시옷이지만, 이 사이시옷이 발음으로는 [ㄷ]으로 실현된다. 이는 현실적으로 [기빨]이라고 발음하기보다 [긷빨]로 발음하는 경우가 많다는 것을 인정한 결과이다.

2. '윗니'와 '아랫니'의 발음

　싹싹 이를 열심히 닦아야 한다는, 어릴 때 무심코 불러 왔던 노래 가사 속에 사이시옷의 발음 원리가 숨어 있다. 바로 '**윗니**', '**아랫니**'에 말이다.

　어릴 때 동요를 불렀던 기억을 떠올려 보자. 동요를 부를 때 '윗니', '아랫니'를 어떻게 발음했는가? [윈니], [아랜니]라고 했다면 정확하게 발음한 것이다.

　사실 '윗니'나 '아랫니'는 '위'와 '이', '아래'와 '이'의 결합으로 만들어진 합성어이다. 그렇기에 [위이]와 [아래이]라고 발음을 해야 맞을 것 같다. 그러나 실제 발음은 [윈니]와 [아랜니]가 된다. 이는 '위'와 '이', '아래'와 '이'가 결합할 때 [ㄴㄴ]을 덧붙이게 되어 나타난 현상이다. 그리하여 이러한 발음을 나타내기 위해 'ㅅ'을 표기에 반영하게 된 것이다. 즉 [윈니], [아랜니]로 발음을 하고, '윗니', '아랫니'로 표기하게 되었다.

　그럼에도 간혹 '윗니', '아랫니'를 [윋니], [아랟니]로 발음하는 사람들이 있는데, 이는 'ㄴ' 앞에서 'ㄷ'이 반드시 [ㄴ]으로 바뀐다는 사실을 간과한 결과이다. 즉 'ㄴ' 앞에서 [ㄷ]은 [ㄴ]을 닮아서 반드시 [ㄴ]으로 발음하여야 표준 발음에 맞다.

사잇소리 현상과 사이시옷

두 형태소 혹은 두 단어 사이에서 나는 소리 현상이 사잇소리 현상이다. 사이시옷은 사잇소리를 나타내는 하나의 표시일 뿐이고, 사잇소리 자체는 아니다.

연습하기

✓ 다음 대화에서 밑줄 친 말을 표준 발음법에 맞게 표기해 보자.

> 남자: <u>샛길</u>로 빠져서 <u>냇가</u>에 닿거든 <u>깃발</u>을 흔들어 신호하시오.
>   [   ]   [   ]   [   ]
>
> 여자: <u>뱃머리</u>에 아무도 나와 있지 않아도 깃발로 신호하나요?
>   [   ]
>
> 남자: 그건 걱정하지 마시오. 누군가가 배 안에서 보고 있을 것이오.
>
> 여자: <u>나뭇잎</u>을 두 번 <u>냇물</u>을 향해 흩뿌리란 말이죠?
>   [   ]   [   ]
>
> 남자: 알았으면 <u>뒷일</u>은 내게 맡기고 어서 떠나시오.
>   [   ]

※ 출처: http://www.joungul.co.kr 중에서

도움말

'ㄱ, ㄷ, ㅂ, ㅅ, ㅈ'으로 시작하는 말 앞에 사이시옷이 올 때, 이들 자음을 된소리로 발음하고, 사이시옷을 [ㄷ]으로 발음하는 것도 허용하며, 사이시옷 뒤에 'ㄴ, ㅁ'이 오는 경우에는 'ㄴ'으로 발음한다. 또한 사이시옷 뒤에 '이' 소리가 오는 경우에는 [ㄴㄴ]으로 발음한다.

답 [새:낄/샏:낄], [내:까/낻:까], [기빨/긷빨], [밴머리], [나문닙], [낸:물], [뒨:닐]

참고하기

'뱃머리'와 '냇가'의 표준 발음

 '**뱃머리**'의 표준 발음은 무엇일까? '뱃머리'는 '배'와 '머리'로 구성되어 '배의 앞 끝'이라는 의미를 나타내는 단어이다. 현실 발음이 [ㄴ]이 첨가된 [밴머리]이며, 이를 나타내 주기 위해서 '뱃머리'로 표기한다.
 그런데 이러한 사정을 모르고 사이시옷을 [ㄷ]으로 불필요하게 발음하는 사람들이 더러 있다. [밷머리]와 같이 사이시옷을 [ㄷ]으로 발음하는 경우이다. 이는 발음 때문에 표기를 바꾸었는데, 그 표기 때문에 다시 발음을 바꾼 것이다. 더욱이 'ㄷ-ㅁ'은 'ㄴ-ㅁ'으로 자음 동화 현상이 적용되어야 할 음운 환경이므로 [밴머리]로 발음해야 옳다.
 이와는 달리, '**냇가**'의 발음도 [내ː까]와 [낻ː까] 둘 다 맞는 발음이다. 여기서 우리는 발음 표시를 위해서 사용한 사이시옷 'ㅅ'은 굳이 소리 낼 필요가 없음을 알 수 있다. 그렇다고 해서 사잇소리까지 표시하지 않은 것은 아니다. 예사소리 'ㄱ'이 'ㄲ'으로 발음되기 때문이다.

마무리하기

1. 'ㄱ, ㄷ, ㅂ, ㅅ, ㅈ'으로 시작하는 말 앞에 사이시옷이 올 때, 이들 자음만을 된소리로 발음하는 것을 원칙으로 하고, 사이시옷을 [ㄷ]으로 발음하는 것도 허용한다. 예) 깃발[기빨/긷빨], 냇가[내ː까/낻ː까], 만둣국[만두꾹/만둗꾹]

2. 사이시옷 뒤에 'ㄴ, ㅁ'이 오는 경우에는 [ㄴ]으로 발음한다.
예) 뱃머리[밴머리], 냇물[낸ː물]

3. 사이시옷 뒤에 '이' 소리가 오는 경우에는 사이시옷을 [ㄴ]으로 발음하고, 뒷말에 [ㄴ]을 첨가하여 발음한다. 예) 깻잎[깬닙], 나뭇잎[나문닙]

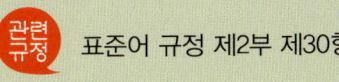
표준어 규정 제2부 제30항

Ⅲ.
외래어 표기법

1. 쵸콜렛? 초콜릿!
2. '램프'에서 귀화한 '남포'
3. '시저'와 '간디'
4. 성룡? 청룽!

Ⅲ 외래어 표기법

1 쵸콜렛? 초콜릿!

길잡이
1. 국어의 어휘 체계를 이해하고 외래어 표기의 기본 원칙을 안다.
2. 외래어를 바르게 한글로 표기할 수 있다.

미리 보기

✔ '초콜릿'이 맞다.

탐구하기

1. 초콜렛? 초콜릿!

초콜릿(chocolate) 「명사」
코코아 씨를 볶아 만든 가루에 우유, 설탕, 향료 따위를 섞어 만든 것.

우리들이 즐겨 먹는 '**초콜릿**'은 흔히 '초콜렛'으로 불리며 또 '쵸콜렛, 쵸콜릿, 쵸코렛, 쵸코릿, 쪼꼬릿, 쪼꼬렛' 등 다양한 발음이 사용되고 있다. 국어사전에서는 위에 나온 것처럼 '초콜릿'을 맞는 표기라고 하고 있다.

왜 '초콜릿'만 맞다고 하는지 궁금하지 않을 수 없다. 그것은 외래어 표기법에서 원지음주의를 취하고 있기 때문이다. 미국에서 'chocolate'이 처음 들어왔을 때 '초콜릿'으로 발음해서 이에 따라 그렇게 표기하게 된 것이다. 또 다른 예를 들어보자.

스칼라쉽 지원 안내

이 그림에 나타난 '스칼라쉽'의 바른 표기는 '**스칼러십**'이다. 이 말은 'scholarship'을 소리 나는 대로 적은 것으로 외래어 표기법에 따라 적을 경우 어말의 'ship'에 들어 있는 [ʃ]를 '시'로 적도록 한 규정에 따라 '십'으로 적어야 한다.

'스칼러십'은 우리말의 '장학금'에 해당하는 영어 단어이다. 외래어 표기법이 정해지지 않을 경우 '스칼라쉽, 스칼러쉽, 스칼라십, 스칼러십' 등의 다양한 표기가 나타날 수 있다.

외래어 표기법을 정하여 이와 같은 혼란을 막을 수 있다. 또한 외래어에 해당하는 우리말이 있을 경우 우리말을 사용하는 것이 바람직하다.

어말의 [ʃ]는 '시'로 적고, 자음 앞의 [ʃ]는 '슈'로, 모음 앞의 [ʃ]는 뒤따르는 모음에 따라 '샤', '섀', '셔', '셰', '쇼', '슈', '시'로 적는다.(제3장 제1절 제3항)

2. 외래어 순화의 방법과 필요성

외국어와 외래어를 많이 사용하는 데에는 자신을 뽐내고자 하는 의식이 들어 있다. 아래의 '개런티, 갤러리, 게스트, 게이트' 같은 외국어를 사용하는 것은 바로 이런 외국 것을 좇는 풍토를 반영한다. 그렇지만 자기의 정체성을 부인하고 남의 나라 것만을 좇아가는 풍토는 개선되어야 한다.

해당 전문 분야의 외래어 용어를 써야만 할 때에는 반드시 외래어 표기법에 맞게 써야 할 것이다. '게놈'인지 '지놈'인지 어떻게 한글로 표기할지 혼란이 있어서는 안 되기 때문이다. 외래어 표기법에 따르면 **게놈**이 맞다.

순화 대상 용어	원어	순화한 용어	용례
개런티	guarantee	출연료	○○○은 프리 선언과 함께 톱스타(→ 인기 연예인) 급 개런티를 받고 모 자동차 광고에 출연한 것을 비롯해…….
갤러리	gallery	관중 [골프에서]	본 경기가 아님에도 수많은 갤러리들이 지켜보는 가운데 김이 날린 첫 티샷은 러프(→ 잡초 지역)에 빠졌다.
게놈	Genom(독)	유전체 (遺傳體)	일부 언론에서 게놈을 지놈으로 표기해서 헷갈려하는 독자들이 많다.
게스트	guest	① (초대) 손님 ② 특별 출연자	인기 토크 쇼 '○○○ 플러스 유'가 전 프로였던 '○○○의 세이 세이'의 진행자 ○○○을 다음달 초 게스트로 전격 초대한다.
게이트 사건	gate 事件	(대형) 비리 사건	그는 "각종 게이트 사건이 터졌을 때가 가장 괴로웠어요."라고 회고했다.

외국어
다른 나라의 말.

외래어
외국에서 들어온 말로 국어처럼 쓰이는 단어.

연습하기

1. 밑줄 친 부분의 외래어 표기를 바르게 고쳐 써 보자.

① 어제는 자동차 <u>써비스 쎈타</u>에 갔었다.
② 지난주에는 <u>레포트</u>가 너무 많아서 힘들었다.
③ <u>텔레비젼</u> 프로그램 가운데 <u>리더쉽</u>을 소재로 한 것들이 꽤 있다.
④ <u>수퍼마켓</u>에 가서 <u>쏘세지</u>를 샀다.

2. 밑줄 친 말에 해당하는 우리말을 찾아보자.

① 또 <u>멘터(Mentor)</u> 제도를 도입해 새로 입사한 직원들이 쉽게 적응할 수 있도록 돕는다고 말했다.
② <u>셰어링</u>이 경영의 <u>키워드</u>로 떠오르고 있다.
③ 이로써 ○○○은 지난해 8월 이후 처음 방송에 <u>컴백하게</u> 됐다.

3. 외래어 표기의 혼란을 방지하고 품위 있는 국어 생활을 할 수 있는 방안에 대하여 알아보자.

 도움말

답 1. ① 써비스 쎈타 → 서비스 센터　② 레포트 → 리포트
　　　③ 텔레비젼 → 텔레비전, 리더쉽 → 리더십　④ 수퍼마켓 → 슈퍼마켓, 쏘세지 → 소시지
　　2. ① 멘터 제도 → 개별 교육 또는 개별 지도 제도　② 셰어링 → 공유, 키워드 → 핵심어.
　　　③ 컴백하다 → 되돌아오다 또는 복귀하다
　　3. 외국어나 외래어 표기의 혼란은 다른 언어와 국어의 말소리나 어휘의 차이에서 비롯된다. 외래어 표기법은 이러한 차이를 고려하여 정한 것이므로 외래어 표기법을 익혀 바르게 사용해야 한다. 그러나 여기에서 더 나아가 외국어나 외래어를 남용하는 것보다 문맥에 맞는 국어 어휘 또는 순화한 말을 사용하는 것이 품위 있는 국어 생활에 도움이 된다.

참고하기

'엘리베이터'와 '레스토랑'의 순화어	등록일	2007. 7. 15.
작성자 ○○○	조회 수	107

안녕하세요? 저는 분당의 한 초등학교에서 교사를 하고 있습니다.
6학년 국어 교과서에 고유어, 한자어, 외국어, 외래어에 대해서 나오는데
교사 입장에서도 외국어와 외래어에 대해 가끔 혼동이 됩니다.

그중, 엘리베이터와 레스토랑이 기억나는데
엘리베이터는 승강기로 순화해서 쓸 수 있으니 외국어라고 하는데,
엄밀히 승강기도 한자어이지 고유어가 아니잖아요…….
레스토랑은 식당으로 순화해서 쓰라고 하는데, 말의 뉘앙스가 식당과 레스토랑은 좀
다른 것 같기도 해서 질문을 드립니다.

답변 제목: 엘리베이터 / 레스토랑		
작성자 국립국어원	답변 일자	2007. 7. 16.

안녕하세요?
'**엘리베이터**(elevator)'는 동력을 사용하여 사람이나 화물을 아래위로 나르는 장치로 '**승강기**', '**자동 승강기**'로 순화하여 사용해야 할 외래어입니다. '**레스토랑**(restaurant)'은 서양식 음식점으로 '**식당**', '**양식당**'으로 순화하여 사용해야 할 외래어입니다. 감사합니다.

마무리하기

1. 외래어 표기법은 다른 나라에서 들어온 말을 한글로 적는 규범이다.

2. 외래어 표기법을 익혀 바르게 사용할 수 있어야 하며, 새로운 외국어를 쓸 경우에도 외래어 표기법을 지켜 바르게 쓸 수 있어야 한다.

3. 외래어 표기법은 제1장 표기의 기본 원칙, 제2장 표기 일람표, 제3장 표기 세칙으로 이루어져 있다. 일람표와 세칙을 참고하면 외래어를 원칙에 맞게 표기할 수 있다.

4. 외국어나 외래어를 남용할 경우 원활한 의사소통을 불가능하게 할 뿐 아니라 품위 있는 국어 생활을 할 수 없게 한다.

5. 외래어 표기법에 따라서 '초콜릿, 스칼러십'이 맞는 표기이다.

 외래어 표기법 제1장 제1항, 제3장 제1절 제3항

III 외래어 표기법

2 '램프'에서 귀화한 '남포'

길잡이
1. 이미 굳어진 외래어를 안다.
2. 이미 굳어진 외래어의 경우 관용을 존중해야 함을 안다.
3. 이미 굳어진 외래어의 범위와 용례를 따로 정함을 안다.

○, 데뷔 이래 첫 카메라 모델 활동 '여심 공략'
[2010-12-2 12:50:20]

미리 보기

✓ '담배'는 포르투갈 어에서, '남포'는 영어에서 온 외래어이다.

탐구하기

1. 외래어의 차용 경로

> **○, 데뷔 이래 첫 카메라 모델 활동 '여심 공략'**
> [2010-12-02 12:50:20]
>
> 영화 ○○○의 주인공 ◇◇이 데뷔 이래 처음으로 카메라 광고 모델로 활동한다. ◇◇은 최근 □□□□ 광고 모델 주인공으로 발탁됐다. ◇◇이 카메라 모델로 활동하는 것은 이번이 처음이라 업계의 관심이 쏠리고 있다.

외래어는 그 차용 경로가 다양하다. 문자를 통해서 들어오기도 하고, 소리를 통해 들어오기도 한다.

'카메라, 모델' 같은 것은 문자 혹은 철자를 그대로 읽은 것이다. 원래 'camera', 'model'은 '캐머러', '모들'로 발음된다. 그런데 '카메라', '모델'로 언중들 사이에 이미 굳어져 현재 쓰이므로, 관용에 따라 **카메라, 모델**로 표기하기로 한 것이다.

또 외래어는 원어에서 직접 들어온 것이 있는가 하면, 제3국을 통해서 들어온 것도 있다.

'**남포**'는 영어 '램프(lamp)'에서 직접 들어온 말이다. 이에 비해 '**담배**'는 본래 포르투갈 어 'tabaco'에서 일본어 'tabako'를 거쳐서 간접 차용된 것이다. 흔히 '담배'가 일본어 '타바코'에서 온 것이라고 하지만, 엄밀하게 말하면 포르투갈 어가 원지어인 것이다.

2. '악센트'와 '보루'

'**악센트**(accent)'의 경우에도 원음에 따르자면 '액센트'가 되어야 하지만 관습적으로 '악센트'로 적었으므로 이를 인정하여 '악센트'를 바른 표기로 하고 있다. '**마니아**(mania)'도 원음을 따르자면 '메이니어'가 되어야 하지만 관습적으로 '마니아'를 바른 표기로 하고 있다.

담배 한 보루

'**담배**'는 타바꼬(tabaco)라는 포르투갈 어에서 온 말이고, '**보루**'는 영어 board에서 나온 말이다. 원래 'board'는 판자나 마분지를 가리키는 말인데 담배 열 갑을 마분지로 만든 딱딱한 사각 상자에 담아서 판매하기 시작하면서 '담배 한 보드'라는 말이 생겼다. 이것이 발음이 변하면서 '담배 한 보루'로 굳어진 것이다. 결국 '보루'는 담배 열 갑을 세는 단위로서, 굳어져서 우리말로 된 것이다.

이처럼 외래어 중 이미 오랫동안 쓰여 아주 굳어진 것들은 그 관용을 인정하고 있다. 다만 관용의 한계를 어떻게 정하느냐 하는 것이 문제인데, 그것은 표준어를 사정하듯 하나하나 사정해서 정해야 할 것이다.

귀화어(歸化語)

외래어 가운데 오랜 세월이 지나 자연스럽게 우리말화한 것이다.

'**앙케트**(enquete)'는 '앙케이트'로 그동안 많이 쓰였으나 원음을 존중하기로 하여 '앙케트'를 바른 표기로 하고 있다.

연습하기

1. 국립국어원 누리집에서 외래어 표기를 검색해 보자.

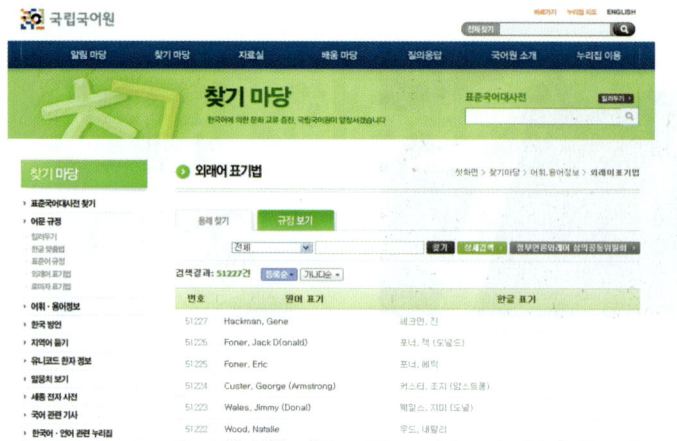

(1) 'Scotland'를 입력한다면 올바른 외래어 표기는?

① 스코틀랜드 ② 스코틀란드 ③ 스코틀란트 ④ 스커틀랜드 ⑤ 스커틀란드

(2) 'Deutschland'를 입력한다면 올바른 외래어 표기는?

① 도이치랜드 ② 도이치란트 ③ 도이칠랜드 ④ 도이칠란트 ⑤ 도이칠렌드

(3) 'Greenland'을 입력한다면 올바른 외래어 표기는?

① 그린란드 ② 그린란트 ③ 그린랜드 ④ 그린랜트 ⑤ 그릴란드

2. 올바른 외래어 표기를 써 보자.

(1) radio[reɪdioʊ]

(2) mania[meɪniə]

도움말

이미 굳어진 말은 그 관용을 존중하여 표기한다. 특히, 국가명 및 수도명은 관용을 최대한 인정한다. '-land' 형의 지명을 표기할 때, 영어권에서는 '랜드'로, 독일어, 네덜란드 어 등에서는 '란트'로, 그 밖의 곳에서는 '란드'로 적는다.

답 1. (1) ① 스코틀랜드   (2) ④ 도이칠란트   (3) ① 그린란드
      2. (1) 라디오   (2) 마니아

참고하기

버스, 커트, 컷

외래어는 특정한 원칙만으로는 그 표기의 일관성을 기하기 어렵다. 예를 들어, [b, d, g]가 대개 [ㅂ, ㄷ, ㄱ]으로 발음되고 있으나, 같은 [b, d, g]가 어느 경우에는 [ㅃ, ㄸ, ㄲ]으로 발음되고 있다. 그러나 표기할 때에는 '뻐스, 빽, 떠블, 꼴'이 아니라 '**버스, 백, 더블, 골**'로 표기하여야 맞다.

한편, 같은 말이 두 가지로 발음되고, 뜻도 달리 쓰이는 것이 있다. 'cut'은 '**컷**'이라고도 하고 '**커트**'라고도 하는데, 그 차이는 오른쪽과 같다.

커트
• 미용을 목적으로 머리를 자르는 일. 또는 그 머리 모양.

컷
• 영화 촬영에서 촬영을 멈추거나 멈추라는 뜻으로 하는 말.
• 대본이나 촬영한 필름에서 불필요한 부분을 삭제하는 일.

• 전체에서 일부를 잘라 내는 일
• 인쇄물에 넣는 삽화(挿畫).

마무리하기

1. 외래어는 문자를 통해서 들어오기도 하고, 소리를 통해서 들어오기도 한다. 원어에서 직접 차용되기도 하고, 제3국을 통해서 간접 차용되기도 한다.
   • 문자를 통해서 차용된 단어: 카메라, 모델

2. 다양한 경로를 통해 들어온 외래어는 어떤 특정 원칙만으로 그 표기의 일관성을 기하기 어렵다. 예 담배, 남포

3. 이미 오랫동안 쓰여 아주 굳어진 것들은 관용을 인정하여 적는다.
   예 악센트, 마니아

 외래어 표기법 제1장 제5항

Ⅲ 외래어 표기법

3 '시저'와 '간디'

길잡이
1. 인명과 지명 표기가 다른 외래어 표기와 어떻게 다른지 이해한다.
2. 인명과 지명을 외래어 표기법에 맞게 쓰는 방법을 학습한다.

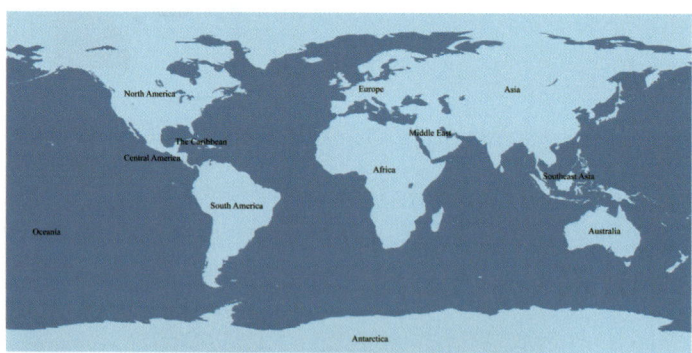

미리 보기

✓ '러시아'와 '남아프리카'가 맞다.

탐구하기

1. '시저'와 '간디'

Julius Caesar   Mahatma Gandhi

위 사진에 등장하는 사람의 이름을 우리말로 바르게 표기하면 어떻게 될까?

① Julius Caesar ➡
② Mahatma Gandhi ➡

①은 '줄리어스 시저' ②는 '마하트마 간디'로 표기할 수 있는데, 사실 이들의 이름을 우리말로 표기하는 데는 각각의 표기 원리들이 작용한다. 특히 시저의 경우 '율리우스 카이사르' 혹은 '율리우스 케사르' 등으로 불리기도 하므로 바른 표기법에 주의를 기울일 필요가 있다.
그렇다면 이 인물들의 표기 원리를 외래어 표기법에 비추어 살펴보도록 하자.

① Julius Caesar ➡ 줄리어스 시저

시저는 로마 시대 군인이자 정치가인데, 영어식인 '줄리어스 **시저**'로 부르기도 하고 라틴어식인 '율리우스 **카이사르**'로 부르기도 한다.

같은 사람의 이름이 이렇게 다르게 표현되는 이유는 외래어 표기법 제4장의 다음 원칙 때문이다.

> 제2항 제3장에 포함되어 있지 않은 언어권의 인명, 지명은 원지음을 따르는 것을 원칙으로 한다.
> 제3항 원지음이 아닌 제3국의 발음으로 통일되고 있는 것은 관용을 따른다.

현재 어문 규정에서는 셰익스피어가 완성한 작품 이름으로는 '줄리어스 시저'만을 맞는 표기로 인정하고 있다. 그러나 로마의 군인이자 정치가인 인물 이름으로는 '율리우스 카이사르'와 '줄리어스 시저'를 모두 맞는 표기로 인정한다.

② Mahatma Gandhi ➡ 마하트마 간디

'마하트마 간디'는 외래어 표기법 제4장 제1절 제2항에 따라 원지음을 따르고 있다.

영어권에서라면 '머해트머 갠디'나 '머해트머 간디' 등으로 표기됐을지 모르나 인도 원지음에 따라 '마하트마 간디'로 표기하도록 하였다.

외래어 표기법 제3장 표기 세칙에 포함된 언어

- 영어
- 독일어
- 프랑스 어
- 에스파냐 어
- 이탈리아 어
- 일본어
- 중국어
- 폴란드 어
- 체코 어
- 세르보크로아트 어
- 루마니아 어
- 헝가리 어
- 스웨덴 어
- 노르웨이 어
- 덴마크 어
- 말레이인도네시아 어
- 타이 어
- 베트남 어
- 포르투갈 어
- 네덜란드 어
- 러시아 어

영어, 독일어처럼 우리말(한자어)에서는 '어'를 붙이고, 체코 어, 타이 어처럼 그렇지 않으면 '어'를 띄어서 쓴다.

2. 'Asia'는 '아시아', 'Antarctica'는 '남극'

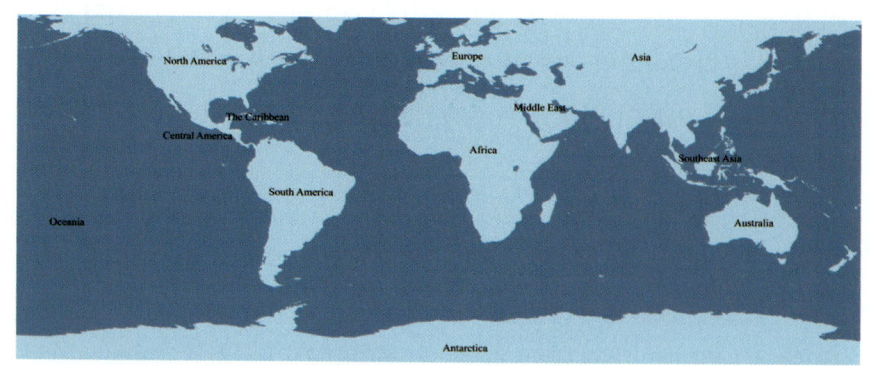

위 지도에서 외래어 표기법 규정대로 우리말로 표기되는 지명과 번역명이 표기되는 지명을 나누어 적어 보자.

외래어 표기	번역명 표기	번역+외래어 표기
	중동 남극	남아메리카, 북아메리카, 중앙아메리카, 동남아시아, 카리브 해

지명은 인명과 마찬가지로 외래어 표기 규정에 따라 표기하는 것이 원칙이다. 그러나 번역명이 더 자연스럽게 통용되는 경우 관용을 따라 번역명대로 표기하기도 한다.

'**아시아, 유럽, 아프리카, 오스트레일리아, 오세아니아**'는 외래어 표기 규정에 따라 표기하며, '**중동, 남극**'은 번역한 표기를 쓴다. '**남아메리카, 북아메리카, 중앙아메리카, 동남아시아**'는 번역과 외래어를 합쳐 쓰며, '**카리브 해**'는 외래어와 '해'를 띄어 쓴다.

이처럼 지명은 일반적인 외래어와 달리 관용이 인정되는 경우가 많고, 외래어 표기법에 따른 표기와 번역명 표기가 섞여 사용되기도 한다. 또 인명처럼 외래어 표기법 제3장에 포함되지 않은 언어권의 경우 원지음을 따르기도 하며 [예 Ankara **앙카라**(터키의 수도)], 원지음이 아닌 제3국의 발음으로 통용되는 것은 관용을 따르기도 한다. [예 Hague **헤이그**(네덜란드의 도시명)]

The Caribbean은 '카리브 해'로 표기된다. '해(海)', '섬' 등이 외래어에 붙을 때는 띄어 쓰고 우리말(한자어)에 붙을 때에는 붙여 쓴다.

예 카리브 해, 발트 해, 아라비아 해, 오호츠크 해 / 북해, 홍해, 동중국해, 동지나해

연습하기

✔ 인명과 지명 중 바른 한글 표기를 찾아 표시해 보자. 또 그 표기가 아래의 표기 원칙 중 어느 항에 해당하는 것인지 괄호 안에 적어 보자.

1. Tchaikovsky{①차이콥스키, ②차이코프스키}의 '호두까기 인형'을 가장 좋아해.
 (   )

2. 이번 여름엔 Los Angeles{①로스앤젤레스, ②로스앤제레스}에 가 볼 생각입니다.
 (   )

3. Red Sea{①레드 씨, ②홍해}는 아프리카 대륙 옆에 있는 좁고 긴 바다이다.
 (   )

4. 미의 여신 Venus{①베누스, ②비너스}는 얼마나 아름다웠을까? (   )

5. 독일 여행에서 가장 좋았던 곳은 Hamburg{①함부르크, ②햄버그}이다.
 (   )

6. 러시아 여행에서 가장 인상 깊었던 곳은 Sankt Peterburg{①상트페테르부르크, ②세인트피터스버그}이다. (   )

7. 터키의 수도는 Ankara{①앙카라, ②앵커러}이다. (   )

제1항 외국의 인명, 지명의 표기는 제1장(표기의 기본 원칙), 제2장(표기 일람표), 제3장(표기 세칙)의 규정을 따르는 것을 원칙으로 한다.
제2항 제3장에 포함되어 있지 않은 언어권의 인명, 지명은 원지음을 따르는 것이 원칙이다.
제3항 원지음이 아닌 제3국의 발음으로 통용되는 것은 관용을 따른다.
제4항 고유 명사의 번역명이 통용되는 경우 관용을 따른다.

도움말

외국의 인명, 지명 역시 제1 원칙은 1항에서 설명한 대로 이전 장의 외래어 표기법을 따르는 것이다. 다만 예외적으로 3장에서 언급하지 않은 언어권의 인명, 지명이나 특별히 관용에 의해 성립되는 경우를 따로 명시한 것뿐이다. 만약 특정 단어가 원지음을 따라 표기한 것처럼 보이나, 이것이 3장에 포함된 언어라면 2항으로 설명할 수 없음을 알아야 한다.

답 1. ①차이콥스키(제1항) 2. ①로스앤젤레스(제1항) 3. ②홍해(제4항) 4. ②비너스(제3항)
5. ①함부르크(제1항) 6. ①상트페테르부르크(제1항) 7. ①앙카라(제2항)

참고하기

포르투갈 어, 네덜란드 어, 러시아 어 등 3개 언어의 외래어 표기법

 2005년 12월, 포르투갈 어, 네덜란드 어, 러시아 어 등 3개 언어의 외래어 표기법이 새로 제정되었다. 1986년에 제정된 현행 외래어 표기법에는 이들 언어에 대해 자세한 표기 규칙이 없어 외래어 표기법의 '기타 언어 표기의 일반 원칙'에 따라 표기해 왔다. 그러나 이 원칙을 적용한 표기는 현지 발음과 동떨어져 있다는 불만을 사 왔고, 일부 관용적으로 현지 발음에 따라 표기한 경우에는 체계적이지 못하여 언어생활에 혼란을 빚어 왔다.

 예를 들어 포르투갈 출신 축구 감독 이름 Coelho가 '코엘류, 쿠엘류, 코엘료' 등 여러 가지로 쓰여 왔으며, 브라질 사람 Ronaldo(호나우두)의 R은 'ㅎ'으로, Renato(레나투)의 R은 'ㄹ'로 적는 등 혼란이 있어 왔다. 러시아 어의 'shch'는 '시치'으로 적도록 한 '기타 언어 표기의 일반 원칙'에 따라 우크라이나 대통령 'Yushchenko'를 '유시첸코'로 적었으나 현지 발음이 '유셴코'에 가깝다는 것이 뒤늦게 확인되어 표준 표기형을 '유셴코'로 번복하는 일도 있었다.

 이에 국립국어원은 이들 언어의 발음 특성을 체계적으로 반영한 외래어 표기법을 새로 제정하게 되었다. 새 표기법에 따르면 위의 이름들은 각각 '**코엘류**, **호나우두**, **헤나투**, **유셴코**'로 적는다.

 새로운 표기법이 제정되었지만, 우리 언어생활에서 이미 오랫동안 사용되어 온 몇몇 단어들에 대해서는 새 표기법을 적용하지 않고, 이전 표기를 그대로 쓰도록 하였다. 예를 들어, 브라질의 도시 Rio de Janeiro는 표기법 원칙을 따르면 '히우지자네이루'가 되지만 관용에 따라 '**리우데자네이루**'로 쓰도록 하였다. 그 밖에 러시아 어 단어 vodka와 pravda도 새 표기법 원칙에 따르면 각각 '봇카'와 '프라브다'가 되지만, 우리 언어생활 속에 오랫동안 쓰여 온 관용을 존중하여 '**보드카**'와 '**프라우다**'로 쓰기로 하였다.

마무리하기

1. 외국의 인명, 지명 표기는 다른 외래어 표기와 마찬가지로 외래어 표기법 제1장(표기의 기본 원칙), 제2장(표기 일람표), 제3장(표기 세칙)의 규정을 따른다.

2. 제3장 표기 세칙에서는 영어, 독일어, 프랑스 어, 에스파냐 어, 이탈리아 어, 일본어, 중국어, 말레이인도네시아 어, 타이 어, 베트남 어, 포르투갈 어, 네덜란드 어, 러시아 어 등 21개 언어의 표기를 다루고 있다.

3. 제3장 표기 세칙에서 다루는 21개 언어 외의 인명, 지명은 원지음을 따르는 것이 맞으나, Hague(헤이그), Caesar(시저)와 같이 원지음이 아닌 제3국의 발음으로 통용되고 있는 것은 관용을 따른다.

4. 만일 고유 명사의 번역명이 익숙하게 쓰인다면 번역된 표기를 사용한다. 번역명과 외래어 표기가 혼합된 경우 역시 이대로 관용을 따른다.
   예) 남극, 중동, 남아프리카

관련규정 외래어 표기법 제4장 제1절 제2항~제4항

4 성룡? 청룽!

길잡이
1. 동양의 인명과 지명을 외래어로 표기할 수 있다.
2. 중국과 일본의 인명, 지명 중에 한국 한자음대로 읽을 수 있는 것과 그렇지 않은 것을 구별할 수 있다.

미리 보기

✓ 한국 한자음대로 발음하면 '성룡', 원지음으로 하면 '청룽'이다. '청룽'이 외래어 표기법에 맞다.

탐구하기

1. 중국의 인명, 지명 표기

중국의 인명은 과거인과 현대인을 구분하여 표기하는데, 그 구분은 신해혁명(1911년)을 기준으로 한다. 신해혁명 이전의 과거인은 종전의 한자음대로 표기하고, 현대인은 **중국어 표기법**에 따라 표기하되 필요한 경우에는 한자를 병기하도록 한다.

'청룽[成龍]'은 우리에게 '성룡'이라는 이름으로 친숙하다. 본래 한국 한자음으로 읽다가, 외래어 표기법이 바뀌면서 원지음을 따라 '**청룽**'으로 표기한 것이다.

현대 중국인의 이름 표기에 혼란이 있는 경우도 있다. '장쯔이[章子怡]' 같이 중국음대로 표기한 경우도 있고, '금성무[金城武, 진청우]'와 '유덕화[劉德華, 류더화]'처럼 우리 한자음으로 표기한 경우도 있는데, 원칙적으로 '금성무'와 '유덕화'는 외래어 표기법에 어긋난 표기이다.

지명(地名)의 경우는 어떨까?

한(漢) 청(淸) 장안(長安)	윈난 성[雲南省], 산시 성[陝西省], 광둥 성[廣東省], 광저우[廣州], 뤄양[洛陽]

양쪽 모두 중국의 지명이다. 차이가 있다면 왼쪽은 우리 한자음 그대로 표기한 것이고, 오른쪽은 중국어 표기법에 따라 표기한 것이다. 그 기준은 무엇일까?

왼쪽의 경우는 중국의 역사 지명으로서 현재의 지명으로는 쓰이지 않으므로 한국 한자음대로 적고, 오른쪽은 현재 쓰이는 지명이므로 중국어 표기법에 따라 적은 것이다. 그러나 우리가 중국의 발음을 정확히 알기는 어려우므로, 필요한 경우 한자를 병기하기도 한다. "표준국어대사전"(인터넷 개정판)에서는 현재 쓰이는 중국 지명이라도 한국 한자음으로 더욱 친숙한, 일부 지명에 대해서는 아래와 같이 한국 한자음 지명도 인정하고 있다.

베이징/북경, 상하이/상해

신해혁명(辛亥革命)
1911년에 청나라를 무너뜨리고 중화민국을 세운 혁명. 쑨원이 임시 정부를 수립했으나, 세력이 약해 위안스카이[袁世凱](1859~1716)가 대총통에 취임하여 군벌 정치를 폈다.

중국어 표기법
외래어 표기법 중의 중국어 표기 세칙을 가리킴.

'쑨원'(1866~1925)은 '손문', '마오쩌둥'(1893~1976)은 '모택동'이라는 한국 한자음 이름을 쓰는 것을 허용한다. 이들이 한국 한자음으로 더 널리 알려져 있고, 신해혁명 이전에 태어나 활동했다는 점도 고려한 것이다.

2. 일본의 인명, 지명 표기

일본의 인명은 **일본어 표기법**에 따라 표기하는 것이 원칙이다. 우리는 일본의 유명한 피겨 선수 아사다 마오를 한글로 표기할 때 한자음이 아니라 일본어 발음대로 하고 있다. 즉 그녀의 이름 '浅田真央[Asada Mao]'를 한국 한자음인 '천전진앙'으로 읽거나 표기하지 않고 일본어 발음 **'아사다 마오'**를 그대로 표기한다.

중국어와 달리 일본어 인명은 과거와 현재의 구분 없이 모두 일본어 발음대로 표기하는 것이 원칙이다. '도요토미 히데요시[豊臣秀吉]'나 '이토 히로부미[伊藤博文]', '후쿠자와 유키치[福澤諭吉]'나 '무라카미 하루키[村上春樹]'처럼 과거, 현재 사람 모두 일본어 발음을 기반으로 한다.

도요토미 히데요시 [豊臣秀吉(풍신수길), 1536 ~ 1598. 8. 18.]
이토 히로부미 [伊藤博文(이등박문), 1841. 10. 16. ~ 1909. 10. 26.]
후쿠자와 유키치 [福澤諭吉(복택유길), 1835. 1. 10. ~ 1901. 2. 3.]
무라카미 하루키 [村上春樹(촌상춘수), 1949. 1. 12. ~]

일본의 지명도 일본어 발음대로 한글로 표기하고 읽는 것이 원칙이다. 아래 일본 지도에서 볼 수 있는 것처럼 일본 지역을 한글로 적을 때 모두 일본어 발음대로 해 주고 있다. **'오사카**[大阪]', **'나고야**[名古屋]'와 같이 일본인의 발음을 토대로 일본어 표기법에 따라 적는다.

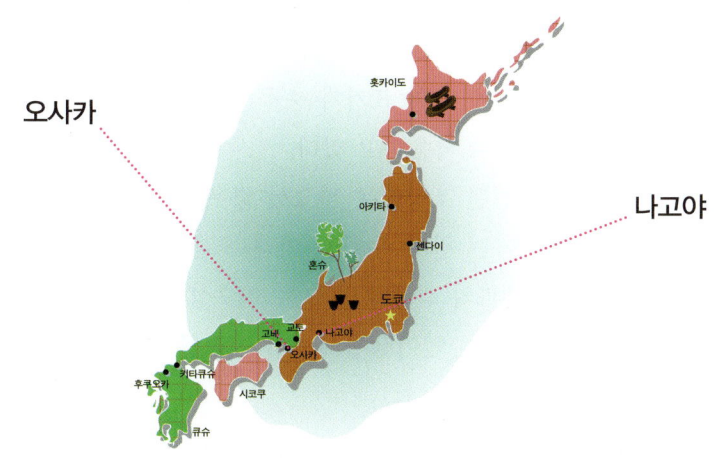

후쿠자와 유키치

일본의 계몽가이자 교육가로 에도(현 도쿄)에 네덜란드 어학교인 난학숙(蘭學塾)을 열었고 메이로쿠샤[明六社]를 창설한 후, 동인으로 활약하며 실학과 부국강병을 강조하여 자본주의 발달의 사상적 근거를 마련하였다.

무라카미 하루키

일본의 현대 소설가로 장편·단편 소설, 번역물, 수필, 평론, 여행기 등 다양한 집필 활동을 하고 있다. 1987년 정통적인 연애 소설 "상실의 시대"를 발표해 하루키 신드롬을 낳았다.

3. '東京'의 외래어 표기

다음의 지명은 어떻게 표기하는 것이 맞을까?

東京 ➡ 도쿄, 동경	京都 ➡ 교토, 경도
臺灣 ➡ 타이완, 대만	上海 ➡ 상하이, 상해
黃河 ➡ 황허(강), 황하	北京 ➡ 베이징, 북경

위의 단어는 모두 외래어 표기법에 의한 표기와 우리 한자음에 의한 표기가 둘 다 허용된다. 즉, '**도쿄**'도 맞고 '**동경**'도 맞다. 우리에게 익숙한 관용적 표현과 외래어 표기법에 따른 표기가 충돌하면서 발생하는 혼란을 줄이기 위해 규정을 탄력적으로 적용하고 있다.

동양의 인명, 지명에 관련된 조항에는 필요한 경우 한자를 병기하도록 하여 혼동을 줄이고 있다. 이는 한자 문화권 아래 오랜 시간 서로 교류하고 영향을 미쳤던 중국·일본과의 관계에서 오는 특수성을 고려한 것으로, 전통과 현실의 조화를 도모하여 언어생활에서의 괴리를 최소화하려는 시도라고 볼 수 있다.

연습하기

✓ 다음은 동양의 인명과 지명 표기에 대한 설명이다. 틀린 부분을 바르게 고쳐 써 보자.

1. 외래어 표기법의 '동양의 인명, 지명'에서 동양은 중국, 일본, 몽골을 지칭한다.

   →

2. 중국의 인명과 지명 모두 신해혁명을 기준으로 과거의 것은 우리 한자음으로, 현대의 것은 중국어 표기법으로 표기한다.

   →

3. 일본의 과거인은 '풍신수길(豊臣秀吉)'처럼 우리 한자음으로, 현대인은 '무라카미 하루키[村上春樹]'처럼 일본어 표기법대로 표기한다.

   →

4. '上海'의 맞는 표현은 '상해'가 아니라 '상하이'다.

   →

도움말

위의 문제는 우리와 가까운 나라의 인명, 지명에 관련된 것이므로 실제 우리의 언어생활을 떠올리면 쉽게 풀 수 있다. 같은 동양이라 해도 나라마다 인명과 지명을 표기하는 방법이 조금씩 다르므로 무엇이 기준이 되어 그 차이를 만드는지 잘 알아 두는 것이 좋다.

 1. 중국, 일본, 몽골 → 중국, 일본.
2. 인명과 지명 모두 → 인명은
3. '풍신수길'(豊臣秀吉)처럼 우리 한자음으로, 현대인은 → '도요토미 히데요시'처럼, 현대인도
4. '상해'가 아니라 '상하이'이다 → '상해'와 '상하이' 둘이다.

참고하기

'곤파스'일까 '곰파스'일까?

2010년 여름, 유난히 센 바람으로 수도권에 많은 피해를 남긴 태풍이 있다. 이름은 '곤파스'이다. 강한 바람으로 아파트의 유리가 깨지고 자동차가 파손되는 등 당초 예상보다 훨씬 큰 피해를 입힌 까닭에 한 주 내내 신문과 방송에 그 이름이 자주 오르내렸다.

그런데 어떤 언론사에서는 이 7호 태풍을 '곰파스'로, 또 다른 언론에서는 '콘파스'로 각기 다르게 표기했다. 과연 '곰파스', '콤파스', '곤파스' 중 어느 것이 올바른 표기일까? 이 태풍의 로마자는 'Kompasu'이나, 한글로는 **곤파스**로 표기하는 것이 맞다.

'곤파스'는 compass(컴퍼스)의 일본식 발음이다. 일본은 태풍의 이름을 별자리 이름으로 채웠는데, 콤파스 역시 남반구에서만 보이는 컴퍼스 별자리를 의미한다. 이 별자리 이름을 일본 발음 그대로 옮긴 것이 'Kompasu'이다. 'compass'이든, 'kompasu'이든 문자 그대로 보더라도 이 명칭을 한글로 옮긴다면 '콤파스'가 더 적합할 수 있다. 알파벳 'C' 혹은 'K'는 한글의 'ㅋ'에 쉽게 대응하기 때문이다.

그러나 초성에 파열음을 쓰지 못하게 하는 현행 일본어의 한글 표기 원칙에 따라 '콤파스'는 '곰파스'가 된다. 예컨대 일본 총리 菅直人(Kan Naoto)는 '간 나오토', 東京(Tokyo)는 '도쿄', 千葉(Chiba)는 '지바', 田中(Tanaka)는 '다나카'로 쓰는 식이다. 여기에 일본어 발음 'ん'의 표기 원칙에 따라 받침을 'ㅁ'이 아닌 'ㄴ'으로 설정하면 '곰파스'는 '곤파스'가 된다.

이러한 외래어 표기 원칙을 거쳐 7호 태풍의 이름은 '곤파스'로 결정되었다. 이와 같이 새롭게 생겨나는 여러 '새말'을 유심히 살펴보자. 새말이 외래어로부터 생겨난 것이라면, 외래어 표기 원칙에 맞게 단어를 재구성해 보자. 훨씬 정확하고 흥미롭게 새말을 받아들일 수 있을 것이다.

마무리하기

1. 동양의 인명, 지명 표기에서 동양은 중국과 일본을 가리키며, 이들은 오랜 세월 같은 문화권 안에서 많은 영향을 주고받았으므로 현실의 언어 사용과 전통적 언어 사용 간의 간극을 최소화할 필요가 있다.

2. 중국 인명은 신해혁명(1911)을 기점으로 과거인과 현대인으로 나누어 표기하는데, 과거인은 한국 한자음으로, 현대인은 중국어 표기법에 맞춰 표기한다.
   - 예) 과거인: 유비, 두보, 이백 / 현대인: 장쯔이, 후진타오, 청룽

3. 중국의 지명은, 현재 쓰이지 않는 것은 우리 한자음으로, 현재까지 사용되는 것은 중국어 표기법에 따라 표기한다.
   - 예) 한, 청, 장안 / 윈난 성, 산시 성, 광둥 성, 광저우, 뤄양

4. 일본은 인명과 지명 모두 과거·현대의 구분 없이 일본어 표기법에 따라 표기한다.
   - 예) 도요토미 히데요시, 아사다 마오, 무라카미 하루키
   - 예) 나라, 교토, 오사카, 나고야, 후쿠오카, 삿포로

5. 중국 및 일본 지명 가운데 한국 한자음으로 읽는 관용이 있다면 이를 허용한다.
   - 예) 도쿄/동경, 교토/경도, 베이징/북경, 상하이/상해, 타이완/대만, 옌볜/연변, 랴오둥 반도/요동반도, 보하이만/발해만, 완리창청/만리장성

관련규정 외래어 표기법 제4장 제2절 제1항~제4항

용산
Yongsan 龍山

서울　　광명
Seoul　　Gwangmyeong 光明

Ⅳ.
국어의 로마자 표기법

1. '학여울'의 로마자 표기
2. '백마'와 '종로'의 로마자 표기
3. '제주도'와 '독도'의 로마자 표기

Ⅳ. 국어의 로마자 표기법

1 '학여울'의 로마자 표기

길잡이
1. 국어의 로마자 표기법의 의의를 안다.
2. 국어의 로마자 표기법을 알고 바르게 적을 수 있다.

◀ 대치　　학여울　　대청 ▶
Hangnyeoul

미리 보기

✓ 'Jaran-ro, Baekkot-ro'가 맞다.

탐구하기

1. 학여울: Hakyeoul? Hangnyeoul!

'**국어의 로마자 표기법**'은 우리말을 로마자로 적는 규범을 말한다.

국어의 로마자 표기는 표준 발음에 따라 적는 것을 원칙으로 한다. 따라서 '**학여울**'을 로마자로 적는다면, 글자에 따른 'Hakyeoul'이 아니라, 발음 [항녀울]에 따라 'Hangnyeoul'로 표기한다.

> 문화재의 로마자 표기가 다른 경우가 있다. 로마자 표기법의 기본 원칙에 따라 표기하기도 하고 고유 명사의 뜻을 풀이하여 그에 해당하는 영어를 쓰기 한다.
>
> 예를 들어, 불국사의 '**안양문(安養門)**'을 'Anyangmun'으로 표기하는 경우도 있고 'Peace-Enhancing'이라고 표기하는 경우도 있다. 그러나 'Peace-Enhancing'은 잘못이다. 문화재명을 표기할 경우에도 일관성 있게 로마자 표기법의 기본 원칙을 따를 필요가 있다. 즉, '**Anyangmun**'으로 표기하는 것이 로마자 표기법에 맞다.

2. 고유 명사 표기의 차이

㉮ 한국관광공사 누리집   ㉯ 워드 트래블스(wordtravels)

㉮에서는 주로 산이나 강, 그리고 평야를 중심으로 고유 명사를 표기한 데 비해 ㉯에서는 지명을 중심으로 표기하였다. 두 지도에 공통으로 나타나는 고유 명사로는 '**황해, 동해, 울릉도, 제주도**'가 있는데 표기가 다르다. 예를 들어 '제주도'의 경우 ㉮에는 현행 국어의 로마자 표기법에 따라 '**Jeju-do**'로 표기되었으나, ㉯에는 개정 이전의 표기법에 따라 'Cheju-do'로 표기되었다.

이처럼 국어의 로마자 표기법이 바뀌면 다른 나라에서 제작되는 지도는 우리나라의 표기와 큰 차이를 보일 수 있다. 국어의 로마자 표기법이 국어 생활뿐만 아니라 우리말을 외국 사람에게 알리는 데도 의의가 있으므로 한국어의 세계화라는 차원에서 이를 알려야 한다.

연습하기

1. 다음 국어의 로마자 표기 일람표를 보고 내 이름을 로마자로 적어 보자.

ㅏ	ㅓ	ㅗ	ㅜ	ㅡ	ㅣ	ㅐ	ㅔ	ㅚ	ㅟ
a	eo	o	u	eu	i	ae	e	oe	wi

ㅑ	ㅕ	ㅛ	ㅠ	ㅒ	ㅖ	ㅘ	ㅙ	ㅝ	ㅢ
ya	yeo	yo	yu	yae	ye	wa	wae	wo	ui

ㄱ	ㄴ	ㄷ	ㄹ	ㅁ	ㅂ	ㅅ	ㅇ	ㅈ	ㅊ
g, k	n	d, t	r, l	m	b, p	s	ng	j	ch

ㅋ	ㅌ	ㅍ	ㅎ	ㄲ	ㄸ	ㅃ	ㅆ	ㅉ	
k	t	p	h	kk	tt	pp	ss	jj	

2. 아래 원칙을 염두에 두고, 다음 예를 로마자로 적어 보자.

> 〈원칙〉 국어를 로마자로 표기할 때에는 음운 변화의 결과를 표기에 반영한다. 다만 된소리되기는 표기에 반영하지 않는다.

① 백마[뱅마]:
② 신라[실라]:
③ 해돋이[해도지]:
④ 낙동강[낙똥강]:

도움말

답
1. 생략
2. ① Baengma ② Silla ③ haedoji ④ Nakdonggang

참고하기

로마자 표기법의 역사

국어의 로마자 표기는 우리말을 영어 로마자로 표기하는 것을 말한다. 초기 국어의 로마자 표기는 19세기 서양 선교사의 한국어 학습 교재나 사전 등에서 찾아볼 수 있다. 이 시기에는 한국어의 어문 규범이 없었으므로 로마자 표기에도 통일된 원칙이 존재하지 않았다.

그 이후 1930년대 평양에 거주하였던 미국인 매큔과 당시 평양을 방문하였던 미국인 라이샤워가 공동으로 정한 '**매큔·라이샤워 표기법**'이 등장했는데, 이 표기법은 1959년 제정된 '한글의 로마자 표기법'의 근간이 되었다. 소위 MR 표기법으로 알려져 있는 '매큔·라이샤워 표기법'은 1984년에 발표되었던 국어의 로마자 표기법에도 거의 그대로 반영이 되어 있다. 이 MR 표기법은 외국의 발음을 가능한 한 그대로 적는 방법인데, 반달표(˘)와 어깻점(')을 사용하는 등 정보화 시대에 컴퓨터 자판을 이용한 글쓰기에는 적합하지 않았다.

그리하여 **반달표**(˘)와 **어깻점**(')을 사용하지 않는 새로운 '국어의 로마자 표기법'이 2000년 7월에 공표되었고 지금까지 사용되고 있다. 이 방법은 로마자 표기법이 외국인을 위한 것이면서도, 내국인들의 사용 편의를 고려하고 있다는 점에서, 특히 컴퓨터를 이용한 표현·이해 활동에 적합하다는 장점을 지니고 있다.

마무리하기

1. 국어의 로마자 표기법은 우리말을 로마자로 적는 규범을 말한다.

2. 국어의 로마자 표기 원칙은 다음과 같이 두 항으로 구성되어 있다.
   제1항 국어의 로마자 표기는 국어의 표준 발음법에 따라 적는 것을 원칙으로 한다.
   제2항 로마자 이외의 부호는 되도록 사용하지 않는다.

3. 도로 표지판이나 광고물, 문화재, 출판물 등에서 국어의 로마자 표기법을 따르는 것은 국어 생활의 혼란을 줄일 뿐 아니라 한국어의 보급과도 밀접한 관련이 있다.

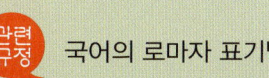 국어의 로마자 표기법 제3장 제1항

IV. 국어의 로마자 표기법

2. '백마'와 '종로'의 로마자 표기

길잡이
1. 로마자 표기는 표준 발음에 따라 하는 것이 원칙임을 안다.
2. 표준 발음을 로마자 표기에 반영하지 않는 경우가 있음을 안다.

◀ 종로5가　　종로3가　　종각 ▶
Jongno 3(sam)-ga

지방 2급 하천
석 관 천
Seokgwancheon Riv
경상북도지사

미리 보기

✓ 'Baengma, Seokgwancheon'이 맞다.

탐구하기

1. '백마'와 '종로'의 로마자 표기

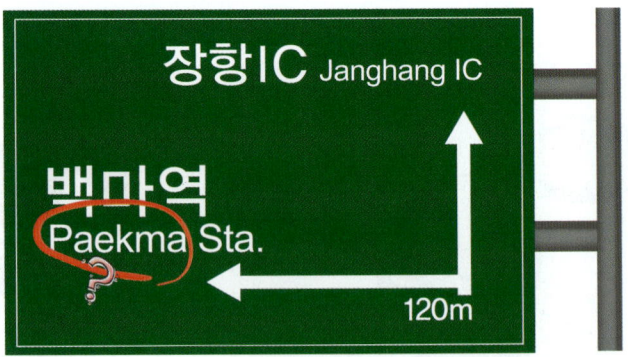

'백마'를 'Paekma'로 표기하는 것은 잘못이다. 국어의 로마자 표기법은 표준 발음을 기준으로 한다. '백마'는 [뱅마]로 소리 나므로 'Baengma'로 적는다. '장항'은 소리 나는 그대로 'Janghang'으로 표기한다.

'종로'는 [종노]로 소리 나므로 'Jongno'로 적는다. '종로3가'는 [종노삼가]로 소리 나므로 'Jongno 3-ga'나 'Jongno sam-ga'로 적는다. 이 외에 표준 발음에 따라 로마자를 표기한 예는 다음과 같다.

왕십리[왕심니] Wangsimni   **신라**[실라] Silla
학여울[항녀울] Hangnyeoul   **별내**[별래] Byeollae

'도, 시, 군, 읍, 면, 리, 동'의 행정 구역 단위와 '가'는 각각 'do, si, gun, eup, myeon, ri, dong'과 'ga'로 적고, 그 앞에는 붙임표(-)를 넣는다. 붙임표(-) 앞뒤에서 일어나는 음운 변화는 표기에 반영하지 않는다. 〈제3장 제5항〉

2. '객현리'와 '석관천'의 로마자 표기

용언에서 'ㄱ, ㄷ, ㅂ, ㅈ'이 'ㅎ'과 결합하여 거센소리로 날 때에는 거센소리되기를 표기에 반영하지만, 체언에서 'ㄱ, ㄷ, ㅂ' 뒤에 'ㅎ'이 올 때 거센소리로 나도 거센소리로 적지 않고 'ㅎ'을 나타내는 로마자 'h'로 적는다.

묵호[무코] Muko(×), Mukho(○)

그래서 표지판에서도 '**객현1리**'를 'Gaekyeon 1-ri'라고 표기하지 않고 'ㅎ'을 살려 'Gaekhyeon 1-ri'라고 표기한 것이다.

된소리되기는 국어의 로마자 표기에서 반영하지 않는다. 그것은 'ㄱ, ㄷ, ㅂ' 뒤에 연결되는 'ㄱ, ㄷ, ㅂ, ㅅ, ㅈ'은 규칙적으로 된소리로 발음되기 때문이다.

옆의 표지판에 'Seokgwancheon'으로 적힌 **석관천**[석꽌천]'을 외국인이 '석'과 '관천'을 끊어서, 즉 '관천'을 된소리가 아닌 예사소리로 내더라도 한국인이 이를 이해하는 것은 어렵지 않다. 그리하여 된소리되기는 로마자 표기에 반영하지 않는 것이다.

고유 명사는 첫 글자를 대문자로 적는다.

예 부산 Busan
세종 Sejong

연습하기

✓ 주어진 낱말을 로마자로 표기하여 가로 열쇠와 세로 열쇠를 채워 보자.

가로 열쇠	세로 열쇠
1. 묵호 → ( )	6. 울산 → ( )
2. 신문로 → ( )	7. 백마 → ( )
3. 가치 → ( )	8. 종로 → ( )
4. 놓다 → ( )	
5. 좋고 → ( )	

우리말을 로마자로 표기할 때 고유 명사의 첫 글자는 대문자로 적어야 하지만, 위 게임에서는 상하좌우 결합의 편의상 고유 명사 첫 글자의 대·소문자 구분을 융통성 있게 처리하기로 한다.

도움말

로마자 표기는 표준 발음법에 따라 적는 것을 원칙으로 하고 있기 때문에 국어의 모든 음운 변화는 원칙적으로 로마자 표기에 반영되어야 한다. 다만, 현행 로마자 표기법에서는 거센소리되기(체언의 경우)와 된소리되기는 반영하지 않는다.

답 1. Mukho 2. Sinmunno 3. gachi 4. nota 5. joko 6. Ulsan 7. Baengma 8. Jongno

참고하기

된소리되기를 로마자 표기에 반영하지 않는 이유

국어에서 받침 'ㄱ, ㄷ, ㅂ' 뒤에 연결되는 'ㄱ, ㄷ, ㅂ, ㅅ, ㅈ'은 항상 된소리(경음)로 발음된다. 이러한 경우는 경음화를 로마자 표기에 반영하지 않더라도 이해하는 데에 어려움이 없다. 즉 외국인이 'Nakdonggang'으로 적힌 '낙동강[낙똥강]'을 [낙동강]으로 발음하더라도 한국인이 이를 '낙동강'으로 이해하는 것은 어렵지 않다. 그래서 'Nakttonggang'으로 표기하지 않고 'Nakdonggang'으로 표기하는 것이다. '합정'과 '압구정'을 'Hapjeong', 'Apgujeong'으로 표기하는 것도 같은 이유에서이다.

마무리하기

1. 자음 사이에서 동화 작용이 일어나는 경우는 그 변화 결과에 따라 적는다.
   예 백마(Baegma), 종로(Jongno)

2. 발음할 때에 'ㄴ'과 'ㄹ'이 덧나는 경우는 그 변화 결과에 따라 적는다.
   예 학여울(Hangnyeoul), 물약(mullyak)

3. 구개음화가 일어나는 경우는 그 변화 결과에 따라 적는다.
   예 해돋이(haedoji)

4. 용언에서 'ㄱ', 'ㄷ', 'ㅂ', 'ㅈ'이 'ㅎ'과 합하여 거센소리로 소리 나는 경우는 그 변화 결과에 따라 적는다. 예 좋고(joko), 놓다(nota)

5. 다만, 체언에서 'ㄱ', 'ㄷ', 'ㅂ' 뒤에 'ㅎ'이 따를 때에는 'ㅎ'을 밝혀 적는다.
   예 묵호(Mukho), 집현전(Jiphyeonjeon)

6. 된소리되기 현상은 표기에 반영하지 않는다.
   예 압구정(Apgujeong), 낙동강(Nakdonggang), 석관천(Seokgwancheon)

 국어의 로마자 표기법 제3장 제1항, 제3항, 제5항

Ⅳ. 국어의 로마자 표기법

'제주도'와 '독도'의 로마자 표기

길잡이
1. 국어의 로마자 표기에서 붙임표(-)의 기능을 안다.
2. 붙임표를 바르게 사용할 줄 안다.

미리 보기

✔ 'Haeundae'로 쓰는 것이 원칙이고, 'Hae-undae'로 쓰는 것도 허용한다.

탐구하기

1. '제주도'와 '독도'의 로마자 표기

제주도 Jeju-do

독도 Dokdo

'**제주도**'의 로마자 표기에는 'do' 앞에 붙임표가 붙고, '**독도**'의 로마자 표기에는 'do' 앞에 붙임표가 붙지 않는다. 이는 '제주도'의 '도'와 '독도'의 '도'가 다르기 때문이다. '제주도'의 '도'는 섬을 나타내는 말이 아니고 '전라도, 경기도'처럼 행정 구역 단위를 나타내는 말이다. 반면 '독도'의 '도'는 섬을 나타내는 말이다.

행정 구역 단위인 '**도, 시, 군, 읍, 면**' 등 앞에는 **붙임표**(-)를 붙이지만, 자연 지물명에는 붙임표가 붙지 않는다.

        충청북도   Chungcheongbuk-do
        의정부시   Uijeongbu-si
        신창읍   Sinchang-eup

        울릉도   Ulleungdo
        백령도   Baengnyeongdo

2. '해운대'의 로마자 표기

 사실 위 표지판에는 로마자 표기 규정에 어긋난 것이 없다. 그러나 외국인들이 로마자 표기를 보고 한국 지명을 정확하게 발음할 수 있게 하려면 아쉬운 점이 한 가지 있다. 즉 **'해운대'**를 '하운대'로 잘못 읽지 않게 하려면 붙임표(-)를 써서 **'Hae-undae'**로 표기할 필요가 있다.

 이 붙임표는 발음상 혼돈을 줄이기 위해서 필요한 것이다. 즉 'Haeundae'라는 표기만 보았을 때 외국인들은 '하운대'로도 읽을 여지가 충분히 있기 때문에, 중간에 붙임표를 넣어 음절을 명확하게 구분해 줄 수도 있다는 것이다.

 그 밖에 붙임표는 **'민용하'**라는 인명을 표기할 때 'Min Yong-ha'와 같이 성을 제외한 이름의 각 음절 사이에 쓰기도 한다. 물론 붙임표 없이 'Min Yongha'로 표기하는 것이 원칙이며, 'Min Yong-ha'처럼 붙임표를 붙이는 것을 허용한다.

붙임표(-)의 특수 용례

학술 논문에서 한글 복원을 전제로 단어를 표기할 때 음가 없는 'ㅇ'은 붙임표로 표기하기도 한다. 예를 들어 한글 복원이 필요한 경우 '물엿'은 'mullyeot'이 아니라 'mul-yeos'과 같이 표기한다는 것이다. 또한 '없었다'를 'eobs-eoss-da'로 표기하는 것과 같이 분절 필요가 있을 때도 붙임표를 사용한다.

연습하기

✓ 표기 규정에 맞는 것을 고르고, 그 이유를 〈보기〉에서 찾아 보자.

1. 내 이름은 홍삼순{①Hong Samsun, ②Hong Sam-sun}이다.

2. 그는 함평군{①Hampyeong-gun, ②Hampyeonggun, ③Hampyeong}으로 전학을 갔다.

3. 내일은 경복궁{①Gyeongbokgung, ②Gyeong-bokgung}으로 봉사 활동을 간다.

4. 우리 가족은 여름 방학 때 거제도{①Geoje-do, ②Geojedo}로 여행을 떠났다.

> **보기**
>
> 제4항 인명은 성과 이름의 순서로 띄어 쓴다. 이름은 붙여 쓰는 것을 원칙으로 하되 음절 사이에 붙임표(-)를 쓰는 것을 허용한다. ㉮
>
> 제5항 '도, 시, 군, 구, 읍, 면, 리, 동'의 행정 구역 단위와 '가'는 각각 'do, si, gun, gu, eup, myeon, ri, dong, ga'로 적고, 그 앞에는 붙임표(-)를 넣는다. 붙임표(-) 앞뒤에서 일어나는 음운 변화는 표기에 반영하지 않는다. ㉯
>
> 〔붙임〕 '시, 군, 읍'의 행정 구역 단위는 생략할 수 있다. ㉰
>
> 제6항 자연 지물명, 문화재명, 인공 축조물명은 붙임표(-) 없이 붙여 쓴다. ㉱

도움말

1. '홍삼순'은 인명이므로, 로마자 표기를 할 때 성을 제외한 이름(두 글자 또는 그 이상)의 각 글자는 붙여 쓰는 것이 원칙이나, 그 사이에 붙임표를 쓰는 것도 허용한다.
2. '함평군'에서 '군'은 행정 구역 단위이므로 '군' 앞에 붙임표를 써야 한다. 다만 행정 구역 단위 '군'을 생략할 수 있다.
3. '경복궁'은 문화재명이므로 붙임표 없이 붙여 써야 한다.
4. '거제도'는 섬 이름이므로 붙임표 없이 써야 한다.

답 1. ①Hong Samsun, ②Hong Sam-sun(㉮) 2. ①Hampyeong-gun, ③Hampyeong(㉯, ㉰)
3. ①Gyeongbokgung(㉱) 4. ②Geojedo(㉱)

참고하기

한글 복원을 전제로 할 경우

국어의 로마자 표기는 발음에 따라서 하는 것이 일반적이다. 그런데 학술 연구 논문 등 특수한 분야에서는 한글 표기를 대상으로 하는 경우가 있다. 국어의 로마자 표기법에서는 이에 대해서 규정하고 있다.

> 〈제3장 제8항〉
> 학술 연구 논문 등 특수 분야에서 한글 복원을 전제로 표기할 경우에는 한글 표기를 대상으로 적는다. 이때 글자 대응은 제2장을 따르되 'ㄱ, ㄷ, ㅂ, ㄹ'은 'g, d, b, l'로만 적는다. 음가 없는 'ㅇ'은 붙임표(-)로 표기하되 어두에서는 생략하는 것을 원칙으로 한다. 기타 분절의 필요가 있을 때에도 붙임표(-)를 쓴다.
>
> | | | |
> |---|---|---|
> | 집 jib | 짚 jip | 밖 bakk |
> | 값 gabs | 붓꽃 buskkoch | 먹는 meogneun |
> | 독립 doglib | 문리 munli | 물엿 mul-yeos |
> | 굳이 gud-i | 좋다 johda | 가곡 gagog |
> | 조랑말 jolangmal | 없었습니다 eobs-eoss-seubnida | |

마무리하기

1. 붙임표는 발음상 혼동의 우려가 있을 때 사용할 수 있다.
예 Jungang / Jung-ang

2. 인명을 로마자로 표기할 때는 성과 이름의 순서로 띄어 쓴다. 성을 제외한 이름(두 글자 또는 그 이상)의 각 글자는 붙여 쓰는 것이 원칙이나, 그 사이에 붙임표를 쓰는 것도 허용한다.
예 Min Yongha, Min Yong-ha / An Borami, An Bo-ra-mi

3. 행정 구역 단위를 나타내는 말과 그 앞말 사이에는 붙임표를 넣는다.
예 Gimhae-si, Hampyeong-gun, Mapo-gu

4. 자연 지물명, 문화재명, 인공 축조물명은 붙임표 없이 적는다.
예 Songnisan, Dokdo, Gyeongbokgung, Ojukheon

 국어의 로마자 표기법 제3장 제4항~제8항

부록

- 단원별 어문 규범 관련 항목
- 찾아보기
- 이미지 출처

단원별 어문 규범 관련 항목

단원	1권		2권	
	단원명	규정	단원명	규정

▼ 한글 맞춤법

단원	단원명 (1권)	규정 (1권)	단원명 (2권)	규정 (2권)
1	소리와 어법	〈한〉 제1항	오십시요? 오십시오!	〈한〉 제15항, 제17항
2	떠들석하다? 떠들썩하다!	〈한〉 제5항, 제13항	야단법썩? 야단법석!	〈한〉 제5항, 제53항, 제54항
3	가을거지? 가을걷이!	〈한〉 제6항	떡복기? 떡볶이!	〈한〉 제19항, 제23항
4	력사? 역사!	〈한〉 제10항, 제11항, 제12항	숫가락? 숟가락!	〈한〉 제27항, 제29항, 제31항
5	어름 배달? 얼음 배달!	〈한〉 제19항, 제27항	'띄다'와 '띠다'	〈한〉 제35항, 제38항
6	아름다와? 아름다워!	〈한〉 제18항	~지 말아라? ~지 마라!	〈한〉 제15항, 제18항
7	만난지? 만난 지!	〈한〉 제41항, 제42항	'하늬바람'의 표기와 발음	〈한〉 제9항
8	스물 여섯 살? 스물여섯 살!	〈한〉 제43항, 제44항	'느긋이'와 '솔직히'	〈한〉 제51항
9	헤택? 혜택!	〈한〉 제8항, 〈표〉 제10항	'죄어야'의 준말은 '좨야'	〈한〉 제32항, 제35항, 제36항, 제37항
10	태능? 태릉!	〈한〉 제10항, 제11항, 제12항	'아랫방'과 '월세방'	〈한〉 제30항
11	깨끗히? 깨끗이!	〈한〉 제20항, 제25항	'젊지 않은'과 '점잖은'	〈한〉 제37항, 제39항
12	가수겸 배우? 가수 겸 배우!	〈한〉 제45항, 제46항	'로써'와 '로서'	〈한〉 제57항
13	'가던지'와 '가든지'	〈한〉 제54항, 제56항	'생각대로'와 '생각한 대로'	〈한〉 제41항, 제42항
14			'공부를 하다'와 '공부하다'	〈한〉 제26항
15			'되어간다'와 '되어만 간다'	〈한〉 제47항
16			'남궁민'과 '남궁 민'	〈한〉 제44항, 제48항
17			'한국 대학교'와 '한국대학교'	〈한〉 제49항, 제50항

단원	1권		2권	
	단원명	규정	단원명	규정

▼ 표준어 규정

단원	단원명 (1권)	규정 (1권)	단원명 (2권)	규정 (2권)
1	짜장면! 자장면!	〈표〉 제1부 제1항	'두루' 쓰는 '현대' 말	〈표〉 제1부 제1항, 제23항
2	호도과자? 호두과자!	〈표〉 제1부 제5항, 제9항	'수놈'과 '수캐'	〈표〉 제1부 제7항
3	바램? 바람!	〈한〉 제19항, 제57항 〈표〉 제11항, 제17항	'오얏'의 현대어는 '자두'	〈표〉 제1부 제20항
4	낫[낟]! 낮[낟]! 낯[낟]!	〈표〉 제2부 제9항, 제10항, 제15항	개다리밥상? 개다리소반!	〈표〉 제1부 제21항, 제22항
5	국물[궁물]! 국밥[국빱]!	〈표〉 제2부 제18항, 제23항	표준어의 실제 발음	〈표〉 제2부 제1항, 제16항
6	'웃옷'과 '윗옷'	〈표〉 제1부 제12항, 제13항, 제17항	'난로'와 '횡단로'의 발음	〈표〉 제2부 제20항
7	또아리? 똬리!	〈표〉 제1부 제14항, 제15항, 제16항	'김밥'과 '비빔밥'의 발음	〈표〉 제2부 제28항
8	'읽다'는 [일따]? [익따]!	〈표〉 제2부 제10항, 제11항, 제12항	사이시옷은 소리를 내야 하나?	〈표〉 제2부 제30항
9	'담요'는 [다:묘]? [담:뇨]!	〈표〉 제2부 제29항		

▼ 외래어 표기법

단원	단원명 (1권)	규정 (1권)	단원명 (2권)	규정 (2권)
1	슈퍼마켙? 슈퍼마켓!	〈외〉 제3항	쵸콜렛? 초콜릿!	〈외〉 제1장 제1항 제3장 제1절 제3항
2	뻐스? 버스!	〈외〉 제1장 제4항, 제2장, 제3장(제1절 제1항)	'램프'에서 귀화한 '남포'	〈외〉 제1장 제5항
3	후라이팬? 프라이팬!	〈외〉 제3장 제1절	'시저'와 '간디'	〈외〉 제4장 제1절 제2항~제4항
4	윈도우? 윈도!	〈외〉 제3장 제1절, 제4장 제3절	성룡? 청룽!	〈외〉 제4장 제2절 제1항~제4항
5	로보트? 로봇!	〈외〉 제3장 제1절		

▼ 국어의 로마자 표기법

단원	단원명 (1권)	규정 (1권)	단원명 (2권)	규정 (2권)
1	로마자 표기의 원리	〈로〉 제1장	'학여울'의 로마자 표기	〈로〉 제3장 제1항
2	'불국사'는 Bulguksa!	〈로〉 제2장	'백마'와 '종로'의 로마자 표기	〈로〉 제3장 제1항, 제3항, 제5항
3	'광주'는 Kwangju? Gwangju!	〈로〉 제3장 제3항, 제5항	'제주도'와 '독도'의 로마자 표기	〈로〉 제3장 제4항~제8항
4	'홍길동'는 Gildong Hong? Hong Gildong!	〈로〉 제3장 제4항, 제7항		

찾아보기

ㄱ

가까이	68	건넌방	82	괴어라	50
가다	116	건넛방	82	괴었다	76
가랑니	39	걷잡다	98	교토	216
가루약	160, 161, 164	걷히다	98	구근류	175
가르다	95	걸음	30	구들장	164
가름	95, 98	겉잡다	94, 98	국수	22, 23
가만히	72	게놈	195	국어의 로마자 표기법	224
가벼이	69	게스트	195	군	236
가오	14	게시	96	굳이	69
가욋일	85	게이트	195	궁금스러워하다	110
가져	79	견뎌	79	귀뚜라미	32
가지다	77	견디어	79	귀머거리	31
가지어	79	결단력	175	귀찮다	89
간편케	89	결재	96	귓병	85
간편하게	89	결제	96	그러므로	98
간편히	70	겸상	162, 164	그럼으로	98
갈다	95	겹겹이	69	그렇잖은	91
갈음	95, 98	경도	216	급히	72
갑자기	22	곗날	85	기꺼이	69
강:의	65	고가(高價)	183	기러기	32
강의	65	고가도로(高架道路)	183	기차간	83
강:의에	65	고들빼기	24	길이	30, 72
강:이	65	고봉밥	162, 164	길품삯	164
강:이에	65	고요히	70, 72	김밥	181
갖다	77	곤파스	218	깃발	186
같이	72	골	203	깊이	30
개구리	32	곱빼기	24	까마귀	31
개다리소반	160, 162, 164	곳간	83, 85	까막눈	161, 164
개런티	195	공권력	175	깍두기	32
개시	96	공부하다	110	깔밋잖다	88
객현1리	231	괘	47	깔쭉이	32
갤러리	195	괘라	50	깨끗이	69, 72
거북지	89	괜찮다	89	깨끗지	89
거북하지	89	괬다	76	깨끗하지	89
거치다	98	괴다	50	깻묵	85
		괴로이	69	깻잎	85

꼬락서니	31	노름	98	대단찮다	88
꼭지미역	161, 164	놀음	98	대로	102
꼼꼼히	68	높아라	48	대만	216
꽹과리	32	높이	30, 72	대화 없다	111
꿀꿀이	32	놓아	48	댓잎	85
끄트머리	31	놓아라	48	더블	203
끊기다	169	놓았다	48	더욱이	72
끊임없다	111	놔	48	더펄이	32
		놔둬	48	덧니	39
ㄴ		놔라	48	덮개	169
나고야	215	놨다	48	도	236
나날이	69, 72	누더기	32	도로	72
나룻배	82, 85	누이다	46	도요토미 히데요시	215
나뭇가지	85	눈깜짝이	32	도우미	34
나뭇갓	164	눈동자	180	도쿄	216
나뭇잎	85	뉘다	46	독도	236
낙동강	233	느긋이	68, 72	돌아가다	55
난로	174	늘어나다	55	동경	216
난봉	153	늘어지다	55	동그라미	32
날라리	32	늙다리	164	동남아시아	208
남궁 민	122	능숙히	70	동안	122
남극	208	능히	70	동원령	175
남부럽잖다	88	닐리리	65	동해	225
남아메리카	208	닝	65	돼	47, 76
남포	200	닝큼	62	되어	47, 76
낫다	96	닐리리	62	두껍닫이	164
낭떠러지	153			두드러기	32
낳다	96	**ㄷ**		뒷일	85
내다	116	다듬이	30	드러나다	55
냇가	85, 189	다리다	98	드리다	116
냇물	85	단벌	164	들	106
너머	31	단위	130	듯하다	116, 117
너무	72	달맞이	30	디디다	77
넉넉지	89	달이다	98	딛다	77
넉넉하지	89	담배	200, 201	딱따구리	32
널찍이	72	담뿍	22	딱딱	23
넘어지다	55				

245

찾아보기

딱지	23
땀받이	30
떡볶이	30
떡암죽	164
떨어지다	55
뚝배기	24
뜨더귀	31
뜨이다	46
띄다	46
띄어쓰기	63
띠다	46

ㄹ

레스토랑	197
로서	94
로써	94
리우데자네이루	210

ㅁ

마감	31
마개	31
마니아(mania)	201
마라	54
마른갈이	164
마른빨래	161, 164
마방집	164
마오쩌둥	214
마중	31
마하트마 간디	207
만	104, 123
만만찮다	88, 91
만큼	103
만하다	116
말라	54
맞다	96
맡다	96
매미	32

매큔·라이샤워 표기법	227
머리방	82
머리카락	146
머릿니	39
머릿방	82
먹이	30
메여	79
메이다	79
메이어	79
메찰떡	164
며칠	42
면	236
면구스럽다	164
모가치	31
모델	200
모택동	214
몹시	23
못지	89
못하지	89
몽땅	22
무늬	62
무덤	31
무라카미 하루키	215
묵호	231
묶음	30
문고리	180
문법	183
미닫이	30
민망스럽다	164
민용하	237
믿음	30

ㅂ

바가지	31
바깥	31
박달나무	161, 164
반달표(˘)	227

반드시	94
반듯이	94
반언어적 표현	168
밥소라	161, 164
방고래	164
배불뚝이	32
백	203
백령도	236
백마	230
뱃머리	189
버리다	116
버스	203
버젓이	68
벌이	30
법석	22
법하다	116
베갯잇	85
베이징	214, 216
벼훑이	30
변변찮다	91
변변찮은	88
별내	230
보늬	62
보도하다	110
보드카	210
보루	201
보이다	46
보조 용언	116, 119
봬	47
봬요	76
뵈다	46
뵈어요	76
부딪치다	98
부딪히다	98
부설	133
부속	133

부스러기	32	살코기	40, 146	수개구리	145
부질없다	111	상견례	175	수거미	145
부항단지	164	상당히	68	수꿩	40
북경	214, 216	상없다	111	수나사	40
북아메리카	208	상하이	214, 216	수놈	144, 145
분주히	72	상해	214, 216	수다람쥐	145
불만스러워하다	110	샅샅이	69	수비둘기	145
불법(不法)	183	새벽밥	181	수삼	164
불법(佛法)	183	샛강	85	수소	40, 144, 145
붙임표	236	생각건대	89	수야크	145
비렁뱅이	31	생각하건대	89	수여우	145
비빔밥	181	생산량	175	수쥐며느리	145
비언어적인 표현	168	석관천	231	수캉아지	40, 145, 146, 148
빗물	85	선릉	177	수캐	40, 145, 146
빠듯이	69	선뵈	76	수컷	40, 145
빨리하다	110	선뵈어	76	수키와	40, 145, 146
뻐꾸기	32	선우 휘	122	수탉	40, 145, 146
뿐	106	선짓국	85	수탕나귀	40, 145, 146
삐죽이	32	설거지	153, 154	수톨쩌귀	40, 145, 146
		설거지하다	153, 154	수퇘지	40, 145, 146
ㅅ		섭섭지	89	수평아리	40, 145, 146
사귀어	88	섭섭하지	89	순순히	72
사라지다	55	성냥	161, 164	숟가락	38
사랑니	39	성싶다	116	숫양	40, 145
사래논	164	셋방	83, 85	숫염소	40, 145
사래밭	161, 164	소곤소곤하다	110	숫자	83, 85
사법(司法)	183	소수	83	숫쥐	40, 145
사법(私法)	183	손문	214	스칼러십	194
사삿일	85	솔직히	68	승강기	197
사타구니	31	솟을무늬	161, 164	시	236
삯말	164	쇄라	50	시름없다	111
산누에	162, 164	쇠다	50	시저	207
산줄기	164	쇠붙이	30	식당	197
산하	133	쇠어라	50	신라	230
살림살이	30	수-	146	신창읍	236
살살이	32	수가오리	145	실없이	69
살짝	22				

찾아보기

심돋우개	164	안팎	146	엊저녁	77
십진법	123	앉다	96	엘리베이터	197
싸라기	31	앉히다	98	엮음	30
싸여	79	않다	77, 96	열없다	111
싸이다	46, 79	알음	98	예삿일	85
싸이어	79	앎	30, 98	오늬	62
싹둑	22	암캉아지	40	오뚝이	32
쌔다	46, 79	암캐	40	오사카	215
쌔어	79	암컷	40	오세아니아	208
쌕쌕이	32	암키와	40	오스트레일리아	208
쏘이다	46	암탉	40, 146	오십시오	14
쐐	47	암탕나귀	40	올가미	31
쐬다	46	암톨쩌귀	40	왕십리	230
쑨원	214	암퇘지	40	왠	96
쓰러지다	55	암평아리	40	외로이	69
쓰레기	31	앙카라	208	외지다	161, 164
쓰이다	46	앙케트(enquete)	201	요	16
쓱싹쓱싹	23	앞니	39	울릉도	225, 236
씁쓸하다	23	애달파서	154	울음	30
씌다	46	애달프다	153, 154	움파	161, 164
씨	122	애달픈	153, 154	웃음	30
		야단법석	22	월세방	83
ㅇ		양식당	197	웬	96
아니하다	77	양칫물	85	윗니	187
아랫니	85, 187	양파	162, 164	유럽	208
아랫마을	85	어금니	39	유센코	210
아랫방	82, 85	어깻점(´)	227	윤달	162, 164
아름	98	어제그저께	77	읍	236
아사다 마오	215	어제저녁	77	의견란	175
아시아	208	어질병	164	의:의	65
아침밥	181	억척빼기	24	의의	65
아프리카	208	얼루기	32	의:이	65
악센트(accent)	201	얼음	30	의젓잖다	88
안	77	엄격히	70	의정부시	236
안방	82	없다, 시간	111	이따가	98
안양문	224	엊그제께	77	이르다	56
안치다	98				

이르러	56	제삿날	85	짭짤하다	23
이원론	175	제석	164	찌개	169
이토 히로부미	215	제주도	225, 236	**ㅊ**	
이파리	31	조당수	164	차	106
익숙지	89	조리다	98	찻간	83, 85
익숙하지	89	조용히	72	찻잔	85
익숙히	70	졸음	30	찻집	85
익히	70	졸이다	98	척하다	116
일러	56	종로	230	청룽	214
일본어 표기법	215	좨라	50	체하다	117
일찍이	72	좨야	76	초점	83
임진란	175	죄다	50	초콜릿	194
입원료	175	죄어라	50	총각무	161, 162, 164
잇몸	85	죄어야	76	충청북도	236
있다가	98	주검	31	치러	56
잎담배	161, 164	주다	58	치르다	56
ㅈ		죽데기	164	치여	79
자동 승강기	197	죽음	30	치이다	79
자두	152	줄줄이	69	치이어	79
자릿세	85	중국어 표기법	214	칫솔	164
자주	72	중동	208	**ㅋ**	
잔돈	161, 164	중앙아메리카	208	카리브 해	208
잔뜩	22	줘	58	카메라	200
잠자리	180	지	106	카이사르	207
장력세다	164	지겟다리	161, 164	칼싹두기	32
장항	230	지긋이	69	커트	203
저녁밥	181	지붕	31	컷	203
적잖은	88, 91	지킴이	34	코납작이	32
전문 용어	131	지푸라기	31	코엘류	210
전세방	83	직속	133	콧병	85
전셋집	85	진료비	175	**ㅌ**	
점심밥	181	짐꾼	164	타이완	216
점잖다	89, 111	집집이	72	탯줄	85
접시	23	짜개	31	텃세	85
젓가락	38	짤방	139	툇간	83, 85
정확히	70	짭짤	23		

249

찾아보기

툇마루	85
특별히	70
특히	70
틀니	39

ㅍ

판	106
퍼	58
펴이다	46
평범찮다	88
폐다	46
포수	164
표준 발음	171
표준 발음법	168
표준어	138, 152
표준어 규정	126
푸다	58
푸석이	32
푼돈	164
프라우다	210
핏기	85

ㅎ

하노라고	98
하느라고	98
하늬바람	62
하다	113
하염없다	111
학배기	24
학여울	224, 230
한글 맞춤법	126
한길	42
할아버지	42
해운대	237
햇볕	85
햇수	85
헛되이	69
헤나투	210
헤이그	208
호나우두	210
홀쭉이	32
황하	216
황해	225
황허	216
횟가루	85
횟수	83, 85
횡단로	174
후쿠자와 유키치	215
훗날	85
훗일	85
흔타	89
흔하다	89
흰말	161, 164
흰죽	161, 164

기호

-간(間)	122
-ㄹ게	26
-오	15
-요	15
-(으)ㄹ까?	26
-(으)ㄹ까요	26
-(으)ㄹ깝쇼	26
-(으)ㄹ꼬	26
-(으)ㄹ쏘냐	26
-(으)러	98
-(으)려	98
-(으)리까	26
-(이)ㅂ니까	26
-하-	113

A

Anyangmun	224

B

Baengma	230
Baengnyeongdo	236

C

Chungcheongbuk-do	236

D

Dokdo	236

G

Gaekhyeon1-ri	231

H

Hae-undae	237
Haeundae	237
Hangnyeoul	224

J

Janghang	230
Jeju-do	225, 236
Jongno	230

M

Min Yong-ha	237
Min Yongha	237
Mukho	231

N

Nakdonggang	233

S

Seokgwancheon	231
Sinchang-eup	236

U

Uijeongbu-si	236
Ulleungdo	236

이미지 출처

62쪽(좌)	"하늬바람이 찾은 행복", 고운진(2005), 아동문예.
142, 144쪽	http://blog.naver.com/pureluke2008(물고기 키우는 궁지렁쟁이 블로그).
150(좌), 152쪽(좌)	"오얏꽃을 넣은 편지", 권선자(1995), 도서출판 산하.
163쪽(좌하)	http://blog.naver.com/ongbim(옹빔님 블로그).

클립아트 코리아
10, 11, 39, 52, 54, 55, 108, 111, 158, 160, 163(좌상), 178, 180, 181, 198, 201, 212, 216

*일부 이미지는 교재의 성격에 맞게 가공함.
그 외의 이미지는 출판사에서 직접 촬영함.

기획
정호성　국립국어원 국어능력발전과장
김문오　국립국어원 학예연구관
박미영　국립국어원 학예연구사

집필
이관규　고려대학교 국어교육과 교수
허재영　단국대학교 국어교육전공 교수
김유범　고려대학교 국어교육과 교수
주세형　서강대학교 국어교육전공 교수
신호철　경기대학교 국어교육전공 교수
이영호　석촌초등학교 교사

연구 보조원
양세희　하성욱　윤구희　박보현　심승호
정지현　조정인　유성호　이규범　김남희
김도혁　김미미　이수진　정지현

단계별 어문 규범 길라잡이

차곡차곡 익히는 우리말 우리글 2

초판 발행	2012년 2월 29일
3쇄 발행	2016년 4월 19일

기　　획	국립국어원
집 필 자	이관규, 허재영, 김유범
	주세형, 신호철, 이영호
삽　　화	남기보
펴 낸 이	박찬익
펴 낸 곳	도서출판 박이정

주　　소	서울시 동대문구 천호대로 16가길 4
전　　화	02)922-1192~3
전　　송	02)928-4683
홈 페 이 지	www.pjbook.com
이 메 일	pijbook@naver.com
등　　록	1991년 3월 12일 제1-1182호

ISBN 978-89-6292-281-3 (세트)
　　　978-89-6292-283-7 (14710)

* 책값은 뒤 표지에 있습니다.
　파본은 본사나 구입하신 서점에서 교환하여 드립니다.